U0837012

六十回忆

LIU SHI HUI YI

周越然 著

北方文艺出版社

图书在版编目（CIP）数据

六十回忆 / 周越然著 . -- 哈尔滨 : 北方文艺出版社 , 2019.6

ISBN 978-7-5317-4522-8

Ⅰ . ①六… Ⅱ . ①周… Ⅲ . ①周越然（1885-1962）-回忆录 Ⅳ . ① K825.41

中国版本图书馆 CIP 数据核字（2019）第 080434 号

六 十 回 忆

Liushi Huiyi

作　者 / 周越然

责任编辑 / 路　嵩　富翔强

封面设计 / 琥珀视觉

出版发行 / 北方文艺出版社

邮　编 / 150080

发行电话 /（0451）85951921 85951915

经　销 / 新华书店

地　址 / 哈尔滨市南岗区林兴街 3 号

网　址 / www.bfwy.com

印　刷 / 北京洲际印刷有限责任公司

开　本 / 880mm × 1230mm　1/32

字　数 / 92 千

印　张 / 5

版　次 / 2019 年 6 月第 1 版

印　次 / 2019 年 6 月第 1 次印刷

书　号 / ISBN 978-7-5317-4522-8

定　价 / 24.00 元

周越然的书

陈子善

日前在深圳见到一位收藏界后起之秀，他出示一份所藏清代以降藏书家手札目录，自朱彝尊起，至黄永年止，名家汇集，洋洋大观。但笔者发现其中有个重要的遗漏，周越然并不包括在内。应该指出的是，周越然墨迹存世很少，也是不争的事实。

余生也晚，知道周越然的名字已在1980年代后期了。那时为搜寻张爱玲作品，查阅1940年代上海的《杂志》《风雨谈》《古今》《天地》等文学和文史掌故杂志，经常见到周越然的妙文。后来又在旧书摊上淘到周越然的《书书书》《六十回忆》等著作，始知周越然并非藉藉无名，等闲之辈。然而，我们已经把他遗忘得很久了。

周越然（1885—1962）原名文彦，又名復盦，浙江吴兴（今湖州）人，藏书家、编译家、散文家和性学家。他是清光绪三十年（1904年）的秀才，又是南社社员。曾执教江苏高等学堂、安徽高等学校和上海中国公学等校，是严复弟子，为辜鸿铭所赏识，戴季陶则向他从过学。他精通英语，1915年起任职商务印书馆编译所英文部近二十年之久，编译各类英语教科书和参考书籍三十多种，尤以《英语模范读本》销数最大，几乎垄断当时全国的中学语文课本。他1940年代专事写作。1950年代先后在上海水产学院教授英语和从事图书馆工作。

根据现有资料可知，周越然生前出版了《书书书》（1944年5月上海中华日报社初版）《六十回忆》（1944年12月上海太平书局初版）和《版本与书籍》（1945年8月上海知行出版社初版）三种谈书的书，《情性故事集》（1936年7月上海天马书店初版），《性知性识》（1936年7月上海天马书店初版）二种谈性的书。虽然还不能说周越然已经著作等身，但如果说他著述甚丰，影响不小，却是完全符合史实的。

由此可见，周越然是早该进入文学史的人物。1980年5月台北成文出版社出版的刘心皇著《抗战时期沦陷区文学史》里就出现了周越然的名字，称其“藏书有外国古本，中国宋元明版，中外绝版三种。数量之多，更是惊人”。这大概是文学史著作首次写到周越然。1995

年2月上海人民出版社出版的陈青生著《抗战时期的上海文学》里也写到周越然，特别对周越然的散文给予颇高的评价。此书论及上海沦陷时期的“清谈风”与“怀旧热”散文时，给周越然以相当的篇幅，认为周越然的“书话”“专谈古书版本流变及伪赝‘古书’的识别，举证周详，论列精细”，而周越然“将有关‘书’的广博见识，用半文半白、亦庄亦谐的文笔写出”，“在中国古今同类散文小品中，显示出承前启后的独特个性”。至于周越然的“忆旧散文”，也自有其风格，“没有严密的秩序，忆及即写，散漫随意”，“下笔也比较自由，叙已述人或谈事载言，虽未必确切周到，却不失真实生动”。这是内地文学史著作写到周越然之始，都不能不提。

自1990年代中期起，随着内地出版界思想的解放，选题的多样，重印周越然著述逐渐付之实施。据笔者粗略统计，已经出版的周越然著述有如下七种：

《书与回忆》(1996年9月辽宁教育出版社初版)《言言斋书话》（徐雁等编，1998年9月陕西师范大学出版社初版），《周越然书话》（陈子善编，1999年3月浙江人民出版社初版），《言言斋古籍丛谈》（周炳辉编，2000年2月辽宁教育出版社初版），《言言斋西书丛谈》（周炳辉编，2003年3月广西师范大学出版社初版），《夹竹桃集：周越然集外文》（金小明、周炳辉编，2013年3月中央编译出版社初版）。

这些周越然作品集当然各具特色，对传播周越然其人其文所起的作用自不待言。但是，除了集外文的发掘整理，它们大都是重新编排的选本，而非周越然著作的初版原貌。这是一个明显的不足，因为读者无法从中得见周越然自己编定的集子，也即无法品尝周越然作品集的原汁原味，不少读者对此深以为憾。

从这个意义讲，北方文艺出版社此次新版“周越然作品系列”，首批印行周越然生前编定的五种作品集，就令人大为惊喜了。不但周越然脍炙人口的《书书书》《六十回忆》《版本与书籍》三种据初版本重印，《性情故事集》和《性知性识》两种生动有趣的性学小品集更是1949年以后首次与读者见面，极为难得。此后还将陆续印行《修身小集》《文史杂录》《古籍丛谈》等周越然集外文辑。“文字飘零谁为拾？”这部真正是原汁原味的《周越然作品系列》的问世，正好较为圆满地回答了百岁老人周退密先生当年的诘问，也必将对周越然研究有所推动。

也许因为笔者以前编过《周越然书话》，王稼句兄不弃，嘱为北方文艺出版社这部颇具新意的《周越然作品系列》写几句感言，拉拉杂杂写了以上这些话，聊以塞责，不当之处，谨请高明指教。

丙申初冬于上海梅川书舍

目 录

自　序

本书共计二十二篇，不是我的自传，而是我的回忆。

自传（autobiography）与回忆（reminiscences）不大相同。自传是正式的，回忆是随便的。自传注重年月，回忆可无年月。自传整齐有序，回忆零乱琐碎。换句话来讲：自传是教导后人的历史，回忆是“款待”阅众的杂文。

我年六十，生平所作所为，虽有滑稽可笑者或悲哀可泣者，然绝无与国家政事有关者，故无资格作一自传以教导后人，只可写些趣事以款待阅众。

不论男女，不论贫富贵贱，到了花甲之年，总记得些关于一己的过去之事。倘然他们把那些记得的事情一一写出来，必然有不少动人之处。乞丐讨饭十年，必有他奇异的见闻。小贩挑担半世，也有他特别的经历。我的二十二篇，类乎乞丐的见闻，小贩的经历。阅众不必管我的身份，只要看我的故事。你们所得的结果，是二十二篇，每篇数千字的，并且每篇有一个中心的“写实”小说。

自传与回忆的作法，完全不同。作自传者，一定要谨严，不可马虎；一定要板脸，不可滑稽。作自传者，应具有四种资格：（一）名望，（二）工作，（三）需要，（四）文章。他们在动笔之前，非先问自己四个问题不可：（一）我是不是声誉卓著，大众钦佩的人？（二）我一生所作所为，对于国家，对于人民，有何实益？（三）除了我的至亲好友及子孙之外，我所作所为者，别人是否不可不知？别人是否急于求知？（四）我所写述者，是否确切可靠？我的辞是否能够达我的意？

我的回答，全属否定。这四种资格，我一种都没有。是故我不能作过去六十年的自传，只可写此二十二篇杂文。

本书的二十二篇，真是杂文！ 其中大半是文言，小半是白话。内容的混合，内容的夹凑，一望而知。评论大家，或将以“夹竹桃”之名，讥我的书。但我幼时不学，长入“异”途，文既不文，白又不白——桃不成桃，竹不成竹——恐怕还不能收受这个雅俗兼具的花名。

民国三十三年八月二十八日　孔圣诞日　周越然

约伯与短工

英语中“约伯”（Job）与“短工”（job）两字，拼法完全相同，所不同者，首一字母之大小写及中间一母之发音耳。二十年前，余在某校任教职时，有高材生某姓者——现已成博士矣——以此探余之才力。当时吾二人之问答，颇足为目下及将来教师之参考材料。其实况暂时不提，留之篇末，兹先言余之教学经验焉。

今吾国之人皆喜以“老教师”称我。“老”字疑是“富于经验”之意。若然，误矣。余当教师，前后统计，不到十年，经验何尝富耶？最初在教会学校当师范生，每日于自己上课之暇，监视大教室中之小学生，有不知字义者为之释之，有不能发音者为之读之，发现不守规则者，或自己自由责之，或禀告校长而后罚之——此余二十岁（清光绪三十年）事也。

次年，余往某镇教授英语。校中最高之课本为柏赉彼得之《统一史》（Peter Parley's "Universal History"），前半本全为《圣经》故事，后半本始述各国政体。书虽陈旧，然余未曾读过。初次独当一面，既无参考之书，又乏商酌之人，甚觉苦也。更深夜静之时，常常在枕上流泪。数月之后，愈觉才力不足，遂弃教而再求学。

廿四岁（清宣统元年）春夏之交，由李登辉先生介绍，入苏州英文专修馆教习英语。创办此校者，江苏提学使毛实君也。校中同事有数学家冯玉蕃（教务主任），美国哈金丝（头班教师），约翰毕业生丁莲伯（三班教师）等。余教中级第二班，介于不难不易，不高不低之间，对付学生，对付同人，无不困苦。幸后来成绩尚好，所出人才不少（现已逝世之农学专家过探先亦当时二班学生之一），而余之名誉亦因之而增高。此校于宣统二年底停办，余二十五岁也。

二十六岁，余就苏州江苏高等学堂之聘，校长南翔朱锡伯也。次年秋辛亥革命，高校因经费无着，遂告终止。庚戌年冬季之毕业生至北京复试时，成绩特佳，为全国之冠，故余等为教员者，皆得"传旨嘉奖"之荣。今高校同学之为官为绅者甚伙，如夏奇峰、杨小堂等君是也。夏君通英法两国文字，并深究政治学，杨君专攻英文，精于外交。

廿九岁春（民国二年）余应安徽高等学校之聘，先为英文教员，后兼教务主任之职。为时虽只半载，然所识者有名人三位：（一）马通伯，（二）应溥泉，（三）陈独秀。马为桐城派古文大家，应为罗马法专家，陈后来加入共产党而为中国之领袖——三君现皆仙逝矣。三十岁任吴淞中国公学，商船学校教师之职。三十一岁入商务印书馆为编译。三十四岁脱离商务而为南京国立高等师范之教师，为时亦只十三个月。后来又任上海大学英文文学系主任兼教授之职，但为期亦短，且该校所注重者，并非英语，故余全然无力可用。

是故余任教职之年，前后实计，不过八载，非独经验不丰富，且可谓全无也。但在此短期中所遇之生徒，人品不同，年龄不同，而资质才能又大不同。其相同者，只有一事，即在开始上课之第一、二星期中，总有“刁顽”者设法以探查我之才力，如上文所提及之高材生问我“约伯”与“短工”二字之音是也。二十年前，吾国教育界所最缺乏者，精于西洋语音学之人，某校所以聘余者，以余曾研究此学而略有心得也。故某生之问，虽不为语音之条理而为其细则，但字之发音，总是语音，于情于理，似无不合，不足怪也。当时之实况，当时吾二人之对答，如下：

某生肃然起立，手持《钟氏审音字典》（Daniel Jones’s “An English Pronouncing Dictionary”），而作英语问曰：“密司脱周，你准许我问一件小事么？”

余闻其语气，观其姿势，知其中必有蹊跷，故严然答曰：“欢迎，欢迎得很。”

某生曰：“英语中j、o、b三个字母合成何音？”

余曰：“你问的j，还是大写呢，还是小写呀？”

某生不待余语毕，即深深一鞠躬而坐下矣。当时同班者十四人，除一人似为“共谋者”外，其馀十二人均莫名其妙，向我注视。于是余又问某生曰：“我所问的，你为什么不答呀？”

某生低头面赤，全不作声。余曰：“我明白了。你以为此问不属本课，问错了么？那有什么关系呢？本课虽然不是语音练习，但这两个字倒成语音问题，吾人不可不注意的。让我来讲给大家听罢。‘约伯’是人名，他的第二个字母读如‘腭’音，与no之第二母相同。‘短工’之第二字母与此不同，读似‘呕’音，与dog之第二音同。”语毕后，余嘱某生翻查《钟氏字典》，并问其是否不错。某生默默点头，仍不作一语。当时班中多数同学，回顾而向彼微微一笑，盖已猜得其发问时存心之恶耳。

余又告全班同学曰：“嗣后诸君发问，最好注重原理，不涉枝节。与其问某字应读何音，不如问某音如何发也。原理不讲不明，细则一查即明。”

事后回想，某生之所以作此试探者，实是余自己显露过甚，太“鼠牛比”之故。前数日余告诸生曰：“英字之拼法，固与发音无大关系，但最奇者，有时吾人得因拼法而获其义也。例如：英字之以 wr 起者，每个都含恶意，不是‘破坏’（wreck），就是‘错误’（wrong），不是‘争论’（wrangle），就是‘大怒’（wrath）。请你们把字典打开来看。我记得第一字或第二字就是‘阴魂’（wraith），最末一字是“歪曲”（wry）。”余又曰，“你们可在字典上细细一看，倘对于其馀的起首之字的意义有所怀疑，不妨问我。”

班中诸生有存心欲问而中止者，亦有点头微笑而不问者。惟上文中之某生，即以“约伯”与“短工”之音问我者，心快口快，立时起立而问曰：“先生，那 write 一字（作“写字”或“作文”解），怎样讲呢？难道也含恶义么？”

余答曰：“诚哉，是也！你前天的作文，这样不通，你的书法又这样可怕——真是东拉西扯，东涂西抹，那个 wr 起首的字，在你真有恶意呀，哈哈。”

继余语之后者，哄堂大笑也。某生怀恨在心，故有此一问。

依比较言，某生此问，尚在范围以内。余在当教师之八年中，有时竟遇到越出范围之问题，如英专、苏高、皖高、商船、中公、上大等校学生以下列诸字或句问我是也：

（一）尿布（婴孩用）（diaper），（二）纸彩（用以掷新娘新郎者）（confetti），（三）瘴气（miasma），

（四）胳肢（tickle），（五）鸡眼（足病）（corn），（六）水烟管（narghile），（七）雌哺雄（hermaphrodite），（八）象牙球（分层雕刻，作装饰品用）（filigree ball），（九）大红大呢（red drugget），（十）挑花线板（小儿游戏）（cat’s cradle），（十一）又上了当了（Done again！），（十二）天无绝人之路（God leads no man to a blind alley）。

上列者，不过当时之百分之六七而已。事隔多年，余已忘其大半，不能一一写出矣。关于答问，余在当教师生活之八年中，发现一至简至要之理，可为目今之当教师者言之，如下：

凡学生来问之时，无论其存心试探，或确实不知，总宜以至诚至恳之态度对之。自己以为全有把握者，应作详尽之说明，自己深知毫无把握者，万勿瞎三话四。复次，学生来问之时，可利用机会以作种种有实益之指导。

但为教师，亦不可过分和气，过分自轻自贱。对于学生之间，有应答者，亦有应拒者。吾友汪君，善于音韵之学。一日以四声读法授其生徒，并以（一）加假架甲，（二）唐荡宕（铎），（三）鸦哑亚鸭，（四）经景敬（吉），（五）空孔控（哭）等为练习。次日，一学生曰："昨天的练习，我都明白了。不过我尚有许多字，读不出四声来。顶好请先生再给我几个榜样。"吾友迟迟疑疑而问曰："你要什么的做榜样呢？"学生曰："请先生先给我一个榜样罢，就是先生的尊姓'汪'字。

请先生念两三遍，给我们听听。”汪君，诚实人也，不知上海学生皆以“汪，汪，汪”为犬吠声，而大念其“汪，湗，沪。”——一遍而又一遍，而全堂大笑。此类问题，为教师者应拒而不答，且应怒目而严斥发问之人。

三十一年七月廿七日

先教后学

为人师者，至少有一日之长。余先教学英语而后自己习之，并此“一日之长”而未尝有，真西谚所谓“盲目者引导无眼人”也。回思当年，不觉狂笑。但此虽矛盾，确系事实。阅众不信，请观下文。余之不顾讥刺，不惜“丢脸”，一一直说者，欲见四十馀年前内地人求新智之不易耳。本篇专涉英语，余学国文，亦与人异，亦趣极可哂。他日有暇，当另记之。

堂表兄陈品松（已逝），长余约十五六岁，任大昌烟号司账之职。凡由余家入闹市，必经过其门。品松与余家虽不常来往，但彼此知有亲戚关系，故见面时无不招呼。一夕，余行近店门时，品松大声疾呼邀余进店，谓有要事相商也。彼先微笑，欲言又止。后曰：“我们到楼上去谈罢。”

余上楼后，见桌上杂物乱陈，床上被服乱掼，既不整齐，又不卫生，心中不觉一慌。继思品松为规矩人，烟店为正气地，遂安然坐于客位中。品松站于椅旁，带笑而言曰："楼下不便讲话，所以请你上面来……我在此地，无大出息。现在想学些洋鬼子的话，预备将来做外国生意。进学堂读书，我年岁已大，不能够了。我晓得你能讲他们的话，所以特地和你商量。请你每天来教我好么？"

余答曰："可以。不过你先要买一本书呀。"

品松曰："早已托人办到了。"于是在抽屉中取出小本书一册，而继续言曰，"你看，这不是么？"

余曰："倒了——这是脚，那是头。——又倒了——这是背，那是面。……今天开始好了，我教你二十六个字母。"

品松所购之书，即后来商务印书馆据以翻译翻印之《华英初阶》。余虽未曾读过，但其中之单字短句已十知其九矣。惟句之组织与其用法，尚不十分明白。一日，品松在同页上发现两语：一曰 A dog runs（一犬奔），一曰 A fox ran（一狐奔），而问曰："为什么狐与犬的奔跑不同？"余曰："不必多管。你只要记得狐总是 ran 的，犬总是 runs 的就是了。"次日，品松又遇见两语：一曰 The boy runs（此孩跑），一曰 The cat ran（此猫跑）。彼不敢问，向我一视，笑而言曰："这两个 runs 与 ran，让我自己强记好了。"

后来书中之“奔跑”（run，runs，running，ran）愈甚，师生两人均有应接不暇之势矣。余初则暗暗逃教，后竟公然辞职，而品松总是诚意挽留，直至六七年后，能自阅西报，自阅故事，始停止常课也。同时，余已入本城教会学校，修习英文及数学科学，而“奔跑”在文法上之作用亦早为之说明矣。

余于初教品松学习英语之时，年十三岁（清光绪二十三年丁酉），自己未尝受他人之教也。其真情实况可简述之如下：

余十一、十二岁时，于诵读《左氏传》之暇，常常偷看家藏之木刻本《英话注解》。此书作者之姓氏，余已忘之矣，但确知其为广东人。书中单字简句皆有翻译，且有注音。余在一年以内，每日自己上新书，自己温旧课，将全书强记无遗，以为英语之全程毕矣。一日下午，老仆周升伴余往游府庙，在市中遇见美国教士某君。余牵彼之襟（小孩不知礼节，可笑！）且向之作英国语。教士视我之面，抚我之头，而宠然曰：“小弟弟，我听不懂你的湖州话。我讲苏州土白，湖州话没有学好。”余呆立不动，老仆周升哈哈大笑而告教士曰：“洋先生，我们二少爷讲的不是湖州话——是你们的洋话，外国话呀。他无师传授，自己学的。”教士曰：“外国话？我外国人不懂他的外国话。要学外国话，到我们开的学堂里去读书。”后来余果然入教会学校，学得能读文学科学诸书，并学得能读《圣经》，能做礼拜（！）。

教品松读书及与教士讲话两事，均发生于戊戌政变以前。戊戌政变，在光绪二十四年，时余十四岁也。是年夏季，邑中忽来英语教师二人：（一）朱姓，（二）金姓。朱姓者，其名不详，苏州人，在南街时务馆设馆。金姓者，其名已忘，本地人，在西门钮宅授徒。友人范霞轩君为朱之学生，课毕常来余家。余听其反复背诵“欢多育寡？”（where do you go？）（欢多育寡，译言“你往那里去？”）等语，真是悦耳。范君声音，尖脆响亮，又善作手势，尤像外国人讲话。余羡慕之至，亦有加入之意。但一再请求先母而终不允许，谓吾家素走正途，不习异术，读书人总以进秀才，中举人，取得功名为要务。余无法可想，只得暗讥母亲不知天下大势，而同时又深恐自已落伍而已。后来余果入泮，且名次极高，然至今不通，秀才真“换不到豆腐吃”也。

在西门读英文者，有舍亲张继昌（已逝）君。某日之晨，余奉母命往堂子湾（里名）中族叔处传信，顺便潜入钮宅，窃听金先生教书。余站立于布帐之外，窥见金君坐上首主席，两旁全是学生，或朗诵，或默读，或习字，或发问，无不专心，无不用力。内一人请金君将“各得骂人”（Good morning）之西文，写于小册子上。金君允可，并再三说明此语之用法云：“只可用于早晨见面之时，下午断然不可用，晚上也不可用。早晨遇见外国人，彼如此说，我也如此说。彼此请安，互相祝福。”当时余极疑惑，西礼既要“互相祝福”，何故又“各得骂人”耶？余混合中西文字，幼时愚鲁，可以想见矣。后来攻读比较言语学，获得中西音似意反之字极多，例如汉文之“头”与英语之toe（足趾），其颠倒矛盾，不亚于此。例如“错”与true（信），“楼”与low（低），“白”与black（黑），“灰”与white（白），“乐”与loth（恶），“茅厕”与mouth（口）是也。异日当另作一文，以见其趣，今且继述余求学之苦。

余自从学得南街之“欢多育寡”及西门之“各得骂人”后，欲习英语之志愿愈坚，而吾母终不准余入任何学校。是年之冬，余于无意中购得《英字入门》一册，著者上海人曹姓。余从卷首起，朝夕自习，不上半年，全书毕矣。读音依照申江口气，草书亦能效慕。惟除品松外，不敢以所知者告人，因自己不信任自己也。某日下午，堂子湾之族叔因事来余家，闻余在小室中作咪咪（me音似“咪”，我也）呼猫之声，又见余在纸上乱涂蟹行之字，谓吾母曰：“老二（指余言）的西文，倒有点像样了。我见他写字，又听他念书，似乎还不差。何不让他出去从师呢？”此语之功甚大，吾母意动，不久即令余入华英学堂。（族叔名光烈，号三成，吾湖小儿科专家也，今尚健在。）

华英学堂（Memphis Academy），系美国南监理会出资创办，故学费极廉。其校长兼主任教师，雷小姐（或姑娘）（Miss Lochie Rankin）也。雷师在湖之历史最久，其所造就之人才最多，有官吏，有工程师，有装瓦者，有制琴者，有宗教家，有著作家，有银行家，有保险员……

雷师有一特点，即不轻视中国人是也。某日，余作文误拼一字，彼指而告我曰："此字书上没有的，不信可一查。"余答曰："有的，有的，我已查过了——美国字典。"余妄言欺人，于此可见。从来自己教人，不肯受生徒些微之欺骗，只知自己吹牛，不准别人说谎，态度极强，故苏人有以"老虎"称我者。四十岁后，余性情大变，不作谎言，不发脾气。岂阅世较深乎？盖年老退步耳。雷师当时，非不知我欺彼也，所以不直说者，所以不责我者，恐他人谓其轻视中国人耳。

三十一年七月廿九日

中　公

“中公”是中国公学的简称。本篇言清末民初与我有关系时的中国公学——就是我的回忆——故以此为题。

中公的历史，讲起来颇多趣味。它最初由闹学（罢学）而成，日本人要干涉这样，又要干涉那样，我国一部分的留日学生认为“奇耻大辱”，遂相适归国，组成中国公学。

清末民初闹学的风气，着实盛行，不独在日本的学生常要闹学，就是在中国的学生也是如此。震旦闹学，组成复旦；南洋闹学，造成南中。这不过两个例子。其他闹学的案子，真不少呀！

最初组成中公的时候，似乎没有校长，只有干事，地点在上海北四川路横浜桥之北，福民医院左近。后来，因欲取得官款，聘请夏剑丞（敬观）先生为校长。夏先生是红道台，与端方很亲热。光宣间丁忧，闲居在申，不过他曾经做过江苏提学使，又曾经署过江苏巡抚。端方极相信他。有了他做校长，官费一定请得到。据说后来与复旦同等，必每年拨两万元。

我第一次和中国公学发生关系，在北四川路的时代。我担任欧洲近世史，介绍我去的是胡梓方先生（江西人）。当时和我一同教书的，有两位王先生，后来都成闻人。一位是王显华（浙江人），一位王云五（广东人）——商务先后聘为总经理。当时的学生，后来成为世界闻人的，据我所知，只有一人，就是胡适之。

在北四川路时代的中公，颇优待教员。除上课下课茶房照例倒茶，绞热手巾，下课时另供牛乳一杯。我没有吃到牛奶，因为在它煎熟之前，我已经离校了。我第一次在中公授课，只有两早晨——两个小时。不是我不肯去，倒是他们不要我。我的失败，我的寂然被"逐"，因为我教得太快。众学生虽然默默而听，没有和我当面为难，但是我知道我有误处。后来旁人告诉我，说我的教法，不合他们的"胃口"。他们所要的，是国语的仔细讲解，我所能授的，是整段整页的大意。他们所要的，是文法上的分析，我所愿授的是史事的连贯。我那年二十四岁（清光绪三十四年，即公历一九〇八年），自己是一个甫从学校里出来的学生，对于教育全无经验。我去教曾经留学过日本的学生，本不应该，太不量力！班中各学生，有穿吴服的，有着木屐的，有胡须长长的……

倘然现在有人请我去教类似的一班，我看见了一定会倒退而出。当时我年少无知，所以“胆大妄为”地跑了进去。显华和云五在那边，大受学生的欢迎，因为一个教读本，一个教文法，都能详解的缘故。

我第二次进中公教书，在民国三年。那年我三十岁，担任的是商科英文。到任不久，我就闹了一个小笑话。让我写出来给大家看：

商科某级的学生颇多，大半为湖南籍。书本相当高深，但是发音并不正确。他们最劣的功课是作文。他们怕作，我也怕改，两方面耗费有利之光阴，作无为之事罢了。一日，我刚巧踏进教员预备室时，李师登辉——当时为教务主任，也是我第二次进中公的介绍人——对我一看，用英语高声说道：“周……你来看这本练习簿。有学生来告你呀！你不小心！你自己看，以后应当谨慎些！”

我仔细翻查那篇“文章”，看见漏改了一个误处，就是：三个相等云谓字（动词）的寡数（单数）第三身（第三人称），两个已经代他加了s，其余一个忘记加了。我即禀告道：“老师，是不是这个错误？那有什么大关系呢？我同他加了两个s，脱了中间一个罢了。是不是这个错处？”

李师道：“他们没有指出错处来，我也没有工夫去找你的误点。总之，他们已经到我这里来告过你了。并且就是那个s也很重要。教师那里可以错呢？”

我气极了，少年气盛地回口道：“李老师，俗语说得好，

‘孔夫子也有错误’，难道我们中公的教员比孔夫子还要好么？这一点点小事情，少加一个 S，他们还要小题大做地告到你教务主任那里来么？”

李师道：“你和我辩，有什么用。你口才好，你自己到课堂上去同他们辩好了。”

我答道：“好的。那末我把这本练习簿拿去了。”

我一进教室之后，即手持练习簿而问道：“这是那一位的？”

有一个身材不高，肥肥的湖南学生应声而起道：“是我的。”

我道：“请你到我这里来。”

他来了。我以手指定那个漏改的字而对他说道：“我没有在这个字上加一个 S，那是我的疏忽。但我已经在前面相等的字上加了两个 S，照理你应该明白了。古人说‘举一反三’。你即使笨，也应该举二反一呀！请你把这本练习簿拿回去罢。”

上面所讲的虽然是我一己的经验，无足轻重，然而青年教员也可借以为镜。对待学生，我们总要有理，总要说得过去。

我第二次在中公教书，另外还有一件可笑的事，也值得记出来。当时中公经济不足，常常欠薪。我们几个穷教员，天天去拜访会计员，他老是不在“家”。我们四五个人急极了，决意组织索薪团，硬要李老师加入。

他笑笑，不肯答应。后来我们果然找到了总务主任刘君，逼他付款。他说："款没有到，到了就发。"我们硬要他清付欠薪。他说："下一个月一定付。"我们说："口说无凭，我们不敢相信。"他说道："那末，让我写一纸借据给你们罢。"

那时的校长是王搏沙（敬芳），他是创始时干事之一。他身任福中（煤矿）公司的要职，少到上海来。就是来的时候，也不十分顾问校事。他好玩政治，什么宪政党呀，政学系呀，都与他有关系。听说后来还要组织国粹党，不过没有成功。我曾经见过他一次，但没有与他交谈。他与别人讲话，颇露真诚之状。

我第二次在中公教书，有一年之久。除了借据上之款子至今尚未曾收到外，其余的月薪早已取得，并且早已化尽了。

界路的中国新公学，和一·二八前后，法租界（第八区）的中国公学，与我毫无关系，所以不敢乱道。

三十二年十月一日

苏人苏事

一　引言

余自清光绪三十四年戊申（一九〇八年）起，至民国元年壬子（一九一二年）止，每日所见闻者，苏州事也；每日所交接者，苏州人也。在此五年中，余以明求默索两法而学得吴中之风俗习惯，人情世态，当不在真苏人之下。但余旅苏之主旨，不在“学”而在“教”；教为正业，而学则陪衬之，故本篇言教。

二　英文专修馆

余于戊申春夏之交，入毛提学使实君（庆藩）所创办之英文专修馆（地点在大太平巷）为英语教师，介绍者李师登辉也，先此余在上海环球中国学生会所办之达成中学（地点在白克路）担任教职，同事有胡梓方、刘

××、朱大发、史东曙、季英伯诸公，皆博于学而富于经验之士，与之共事共游，随时随地可以受益。故薪水虽微，而“初出茅庐”之我，甚觉快乐而安心也。某晨十一时许，李师快步而入，见余即日：“周君，你快快告假，今天和我同到苏州去——正午十二时车。快些，快些，我们马上就要走了。”余问曰：“有何事？”李师曰：“到了那边你自会知道的。”

李师与余抵苏后，即往旧时之试院（考场），见内有被试之学生百馀人，正在埋头苦干也。余不觉一疑，而自问曰：“此何地乎？彼辈何人耶……难道科举已经恢复么？”正在此际，有口操福州官话而身穿蓝袍天青褂者，自大堂慢步而出，带笑而言曰：“李先生，路上好吗？这就是周君吗？”李师曰:“路上好——他是周君。”此公即向余曰：“好极了，周君，你来得正好，今天就可以帮我们看卷了。毛提学使创办英专，缺一英文教员，李先生保荐你，我们已经决定请你了。我姓冯，我是冯玉蕃（琦）。”李师插问曰：“毛提学使呢？他在那里？”冯公答曰：“他因为有要公，已经回衙门了。”

不久，李师、冯公及余同阅考卷。毕后，往提学使公署宴集。是晚寄宿于新校中。次晨，李师曰：“我今天要回上海了。你还是同我回去呢？还是在此等开学？”余曰：“冯君说开学最早在半个月以后，我还是回上海罢。”——李师、冯公与余谈话，纯用英语，本国人借外国语为表达意见之媒介，当时不以为奇。

余在英专服务，共约二年，——至宣统元年己酉冬樊提学到任后因经费支绌决意停办时止。英专之学生，后来在社会上担任重要职务者，有过探先、钮因祥等人。

三　高等学堂

高等学堂之地点在沧浪亭，校长南翔朱锡百（寿朋）先生也。英专停办后，冯玉蕃君改任高校教务长，余因冯君之介，初（庚戌春）为补习班教员。学生皆京口驻防旗人，八旗中学毕业生，庆仁、铜章、增辉、德生、相宽、志证、炳堃、承荣、绍端等等是也。秋季学期开始，余始入正科授课，年底清廷“传旨嘉奖”。宣统三年，任为“英文兼心理辩学（即论理）教员”（见《校友会》杂志第一期）。当时心理论理两科，不知所用何书，所作何语，余已全然忘之矣。惟忆同事中有胡松圃、沈商耆、哈丝金（美国人）、华倩朔……除华君于最近在南京偶然相遇外，其他诸公久不见矣。当时肄业之学生，后来成名者，有朱贡三、汪懋祖、李广勋、孙雏飞、李迪彝、杨小堂、夏奇峰……夏君现任审计部部长。

江苏高校于辛亥九月停办。最后两月薪水，因藩库缺少现洋，以元宝为替。余尚忆手提银两，明明满头大汗，暗暗杭育杭育，向盘门步行，搭船回吴兴之“吃力”也。

四　私家教读

次年(壬子)仍来苏城,在某姓为英语教师,学生一人,系二百万以上之富豪也。自一月起，至十二月止，余共授《鲍尔文读本》第四册两课，而所得薪水，所受供养，远在——远在高校之上。余深知此种生活必然不能持久，且不利于少年人，故决意另谋相当之职。其时皖校需人，余立允其聘。

五　结论

余旅苏五年，对于其人其物，无不感到完美，不论男女老幼，出言总是和平，声音虽然尖利，但是并不触耳。二人相遇，无不招呼，无不恭恭敬敬。就是口角，亦必采用种种暗语（例如：糖佛手），不肯明白骂人，以酿成法律问题。至于物，则更妙矣。瓜子香而且整，糖果甜而不腻。其他如小肉包、良乡栗子，及一切小食，使人人有口不忍止，不顾胃病之势。

余去冬曾往苏州一游,惜为时只有半日,看不见老友,吃不到精品，不能尽兴也。他日有缘，当补行之。

余在苏时,尚有两事:(一)吃馆子,(二)坐花船——虽属荒唐，但不妨言之。当时馆子之佳而且廉者，司前街（？）之京馆鼎和居（苏人读如“丁乌鸡”）也。与之交易者,大半为官员,其次则为绅士,最次教员与学生。

花船之最著名者，李双珠家（鸭蛋桥）也。两者余均享受之，而尤以末一年为最多。

三十二年四月十一日

四书熟秀才足

湖谚云，“四书熟，秀才足”，意谓在前清科举时代，凡欲获取此为小功名者，非先将《大学》《中庸》《论语》《孟子》之正文及其小注，仔细记诵不可也。五经固亦重要，但最吃紧之院试（道考），其首题总出自四书，而《四书》不熟者，因无书可带，无从翻阅，则不能下手矣（县考府考，可以随意带书）。余七岁“开荒”（湖语，开始上学也），先母不授《三字经》《百家姓》《千字文》等，而即授以《大学》，故十岁前已毕四书，继之者《诗经》与《左氏传》也。后来学习英文，然清晨黄昏依然之乎者也，不忘国学。第一次出考在十七岁，院试时因误会春秋时地名，未曾取录。二十岁入泮，名列县学第五，宗师陈兆棻也。

倘四书熟者，秀才必足，则余之作秀才也，可无愧矣。余十七岁初次应试之县试题为“子夏为莒父宰”一章，即“子夏为莒父宰，问政。子曰：‘无欲速，无见小利。欲速则不达，见小利则大事不成。’”（见《论语·子路》第十七章）当时余非独知其出处，且能背其小注也，因先母教法极严，每日必上新书，每日必背“带”书，每日必温旧书之故。带书者，新书前之三四首也——此名想非阅众所知矣。旧书者，从《大学》起至带书止皆是也。新书有时一日上八九行，有时一日上十六七行，随先母之意而定，不能自己作主。

余之所以不出外就学而由先母亲授者，有一原因，可略述之：余六岁，即遭父丧（先父卒于清光绪十六年庚寅正月初一日子时）。家兄由廑长余三岁，已于前两年附读于同族某房。当余届七岁开荒之年，先母亦拟将余附入。深恐自己开口，对方不便讲话，特挽托表兄许君代说，代问条件。不料某伯母竟直言相拒，谓彼家之馆，我家已有一子附读，教师已经分心分力，其势不能再加第二人矣。余虽年稚，见先母忽然面现怒容，惟言语之声仍极温和。其与许君之长谈中有言曰：“某大姆（湖语，夫兄之妻也）所说甚是。大儿已经滋扰他们了，二儿似不应该再去。但是我的经济极薄，无力自请教师。叫二儿到外边去读书，又不放心。我想不如把他关在家里，识识方字，再作道理罢。倘然他将来不识字，不通文理，亲族中人一定不能责备我，我已经托你去请求过了。”先母于前岁弃养（先母卒于民国二十九年十一月十一日子时），享年八十四岁，劳碌一生，余未尝见其轻于嘻笑也。惟于余入泮报到鸣锣之际，则喜形于色，而自言自语曰："大功告成，大功告成。我死也安心，对得起祖宗了。"次日竟狂醉半日，竟与余之堂姊胞妹等小辈捉迷藏，作肢胳之戏，其真心欢乐可知矣。

先母教人，只重诵读，不重讲解，只重习字，不重作文。余性所不近者，诵读与习字也，故至今不能学唱歌，学唱戏，学篆隶，学绘画，不能以艺术美术见长于时。余所最喜者，偷偷作咪咪声，偷偷习英语也。后来补先母讲解之缺者，英语也。譬如先师严几道《原富》盛行之时，他人只能捧读译本而不得其确义，而余已能直读原文并能对照而知中西文字各具之特长矣。其他如《易经》《礼记》《庄子》《老子》等，余亦仔细对照而读之，自觉双方并进，得益不浅也。他人借本国文之力以研求外国语。余则反是，常借外国语之力以求取本国文。——想阅众中必有笑我狂妄者。——余对于英语，本有特异之感情。幼时热心研究散文及韵文之时，非独能知其深奥之义，并能知其调和之音也。余离题矣，应回归四书与秀才。

余入泮正场之四书题为"是或一道也"（见《孟子·公孙丑下》第二章）。余考首县乌程，故题中有"一"字。考归安者，其题为"见其二子焉"。本科拨入府学第一名者，即后来以研究戏剧名世之宋春舫君，现已仙逝矣。湖府乌程归安两县同城，入民国后，合并改称吴兴。当时简称程安，不称乌归，因此二字太近“乌龟”之音之故。昔城中有一滑稽故事如下：湖州府某姓，病亡无子，其弟来夺家产。程安两县因受托前来劝阻。夺产者曰：“我们的家事，用不到你们来管。你们乌归两县快些跑。”盖有意骂之耳。

余又离题矣，请阅众原谅。

“是或一道也”一题，最易敷衍。余尚忆数语：杨一道也，墨一道也，此皆非吾之道也。吾之道何？曰，仁义之道也，忠恕之道也……（阅众毋笑我寒酸，此实博取功名唯一之途术耳。）复试之题为“有心哉击磬乎”，不知上下文及小注者，决然不能下笔。余对于此题，有特异之故事，可细述焉：

余无悟性而善背书，不论十行廿行，只要从头至尾，慢慢硬记五六遍，即能脱口而出。先母于新课过重之日，必作安慰之语曰：“今天行数虽多，但生字极少，且容易上口——并不烦难。倘然你立刻背得出。我马上就放你到各房去跑一次好了（老家中共分五房）。”余幼时活力过多，最喜东跳西跳，东跑西跑，夏日捉蟋蟀，冬日潜制糖果。捕蝇亦是能手。某日，于一小时内用左手捉得全活者四十馀，且一一装入火柴匣中。后吾妹于无意中开匣，放走此一大群生灵，想其之子子孙孙今尚在湖州作恶也。余分蝇为三类：（一）饭蝇，（二）马蝇，（三）粪蝇。马蝇不常见，粪蝇不可捉。余又玩蝇，先以水溺之死，然后再以香灰救活之。此顽童之行为，非博物也——请归本题。

余之背书能力，远在吾兄吾妹之上。上十行能背十行，上廿行能背廿行。惟“有心哉击磬乎”之全章。非独五六遍后不能背，即竭全日之力亦不能背。其实，本章正文不过五十三字，小注不过一百五十六字。余从晨至暮，一再用力而竟不能背此二百馀字。先母初则罚跪，继施夏楚，但全然无效。余亦头昏目眩，不思饮食，半夜后始安然睡去……不知此章即余后来成秀才之至大关键也。是日不能记，不能背者，天欲余特别注意耳。余在复试场中一见此题，如遇旧友，心中不觉一宽，而“文章”如水而来矣。余遇大事，皆有预兆。闸北之灾，某夜之祸，皆先有梦。他日有暇，当作一《梦境》文。

余初次应试，已在八股已废之后，改试经义策论之时矣。余入泮之年，清光绪三十年甲辰也。次年秋清朝废科举而设学校。余之秀才，虽非末代，然相去亦近矣。

余于实习经义策论之前，亦曾略学八股文，故至今仍知破题、承题、起讲等等名目，且至今仍能阅读张之洞之《江汉炳灵集》而知其暗指时事之妙也。试八股时，两文一诗，改经义后，不再试诗。科举时有种种欺诈，种种作弊，《儒林外史》所言者，皆事实也。

三十一年八月二日

辛亥革命

辛亥即清宣统三年，亦即公历一千九百十一年也。革命之实行，虽在本年秋天，但其酝酿，早在戊戌之前。当时凡粗通“之乎者也”者，即所谓读书人者，无不读黄梨洲之《明夷待访录》，无不仇视政府，亦无不主张种族革命。后来李提摩太所翻译之《泰西新史览要》（即《十九世纪周史》）由“广学会”出版后，则谈话之资料愈富，而谈话之精神亦健矣。除此类动口不动手之革命者外，少数“明白事理”之商人，亦常叹“时事日非”，且作夸大之言曰：“与其灭种，不如自尽，与其自尽，不如革命。”由表面观之，辛亥之际，凡实行革命者，或口称革命者，皆热心救国，热心改进中国之人也。其实，“口称”革命者，假革命也，“实行”革命者，真革命也。假革命者，既不用心，又不用力；真革命者，既用其心，又用其力。余在辛亥时，有专攻英语之志向，而无改良政治之欲望。虽曾两度到制造局，一度到南车站，虽亦赞成以车头攻城，以鞭爆代枪，但终不向前猛进，终不离集会地点。此岂实行家乎？此岂真革命者之行为乎？惟吾湖虽鄙，而所出革命人才实多。就余所知而现已仙逝者有三人焉：（一）姚勇忱，（二）沈虬斋，（三）陈英士。余识姚最早，沈次之，陈最迟，故先姚而后陈，非谓英士先生革命之功在勇忱先生之下也。本篇所言，余与此三位先烈之关系，亦余为“革命党”之小史也。

（一）先言余与姚勇忱之故事：

世皆知姚先生为秋案中之要人，不知勇忱革命之念起于认识秋侠以前。余初遇勇忱，远在光绪廿二年丙申（一八九六年）。是岁之冬，北门外之先族祖完姻。先母命家兄与余同往贺拜。晚宴时闹酒之客甚伙。有“开当”者强余加入，狂饮多杯，不觉大醉大吐——是为余生平酩酊之第一次。归卧室时，脑虽不病而腿病矣。余不能自由行走，而由吾兄及一不相识者扶入也。此不相识者，即姚勇忱先生，亦即后来因实行革命而牺牲者也。勇忱先生，心极慈悲，当余东歪西倒之时，一再嘱我“小心”，一再称我“弟弟”，又为我倒茶，为我揩面，为我宽衣，为我盖被。后见我清醒不睡，又与我细谈书本，并嘱我购读《明夷待访录》。最末，吾二人各说上广化英语（上海或广州土白注音之英语）多时，以自露其洋才。勇忱先生是日，想亦醺醺矣。从此夜起，直至光绪三十三年（丁未）五月恩铭被刺，秋瑾就义之时止，余不知善于服侍小朋友之姚勇忱，即大革命党姚勇忱也，亦即与徐锡麟、鉴湖女侠均有关系之姚勇忱也。后来余虽常来申江，但不常遇勇忱。辛亥以前，似未一见，辛亥以后，则偶遇之。惟其为浙督所拘，又在浙中受害——此种新闻传来时，余暗暗流泪，暗暗伤心而已。勇忱先生为城外姚家坝人，口吃，目近视，先族祖之至戚也。

（二）继言沈虬斋：

沈虬斋（翔云），能说能写，聪明伶俐人也。最初与康有为连结，后来追随总理。辛亥年沪军都督府成立后，则又为陈英士（其美）先生之秘书。其生平轶事，非余所能全知，亦不必尽述于此。兹言其幼时在蒙馆中之故事一则，以见其敏捷之才焉：

虬斋幼时附读于余家对邻沈宅，为之师者无不受其愚弄。某日，沈宅延高僧追荐祖先，蒙馆放学。虬斋为寄宿生，故虽在假日仍留沈宅，或听和尚念经，或在门前玩荡。下午在仪凤桥闲行，瞥见一僧买肉馒头四枚。第一枚甫上口时，虬斋已将其臂执住，硬硬推拖而至沈宅，并且高声曰："大家看呀！和尚偷荤吃，被我捉住了。看他手中的肉馒头呀！ 口中的半枚，想已吞下了。"即此一端，已足见虬斋后来之活动与智力矣。惟此僧既不忍弃其手中之馒头，又任虬斋带回沈宅，不知其用意何在，诚奇事也。

虬斋于戊戌康党失败之后，潜归湖城居住。人以为其永无出山之日矣，但彼无日不打小麻雀，无日不吃小馆子，晏然自在，宛如一富家公子。辛亥年余来申时，非住三马路上海旅馆，即住宁波路嘉宾（？）旅馆。英士先生攻打江南制造局之晚，余在嘉宾寄宿。半夜中忽有人来打房门，并云："快开，快开！有好新闻。"余知虬斋之声也。

进门后，彼即告余曰："好新闻——制造局大概已经攻下了。你明天去不去？"余曰："要去的。"彼曰："倘然一同去，我去叫马车。"余曰："何必这样阔？"彼曰："也好，我们各走各路，不过我要向你借些车钱。"余曰："钱袋在桌上，你自己动手罢。"

次日下午余至制造局时，见英士不声不响，手执细蒲扇，静坐于一小室中，而虬斋已在某厅演说矣。余尚忆其数语："我们要先举都督——明天举都督，今天去拿手枪，每人拿一枝。没有手枪，快五响也好。你们看，我已经有手枪了。……"后来虬斋在都督府办公时，出入常借用英士先生之汽车，而所服西服又与都督所服者，几乎同式同色，故市民往往误以虬斋为都督也。

壬子（民国元年）之春，虬斋居虹口某洋房中。每日早餐，至少四式，牛乳鸡蛋之外，另加白木耳糖莲心。家中厨司仆役，约在八人以上。开销之大可想见矣。

虬斋身长而体瘦，鼻高而眼凹。得意之时，气焰甚高，无人敢谒之。失意之时，则又到处告贷，人亦怕其上门。余于辛亥秋在制造局大厅与彼一别之后，直至其被捕至杭，身受大刑时，竟未之一遇也。虬斋，有志之士也，惜中年为利禄所拘，不能尽用其才，不能实行其幼时之主张耳。

（三）末言英士先生与余之会见：

余之初遇英士先生也，不在湖州本城，而在浙江旅沪学会。学会之地点在南京路市政厅旧址对面，老闸捕房左近之某里内。里名为何，现已忘记，惟尚忆里口有一不大不小之水果店也。辛亥春某夕，余在学会之厢房中闲谈时，见一戴金丝边眼镜者走入，文雅君子也。不之识，而吾友许朋非（政）君即作匆促之介绍曰："这是英士先生——他就是越然，周越然。"

英士先生对余一视即曰："我想起来了，你懂英文的，是不是？勇忱曾经对我讲过，说你小时候就懂英文。现在你在那里做事？"余答曰："在苏州教书。"英士先生曰："好，好。有暇可到我家里来谈天——马霍路德福里某号，走后门较便。"此后余到申时，无不到马霍路一谒，时间总在夜晚。但英士先生家中，宾客众多，余虽常往而比较生疏，全无机会与之作长时间之谈话也。惟见其对待众客，无不和声软气，无不开诚布公。英士先生素采“人各有才，人各有用”之宗旨，故夏氏昆仲可作先锋，而狗肉将军亦收为卫队也。年少无知如余，彼并不轻视。一见之后，非独记我之姓名，并知我之职业。壬子春，英士先生见我即问曰：“你还在苏州教英文么？为什么不到都督府来办事？”余本拟以“都督府中湖州人这样多，倘然大家都进去，岂不变成一个湖州会馆么？”答之，但因其如此谦谨，如此真诚，不敢出之口也，而以微笑不答了之。

英士先生之事迹太多，决非余之笔、余之力所能尽写也。欲知其详者，应考之正史正传。本篇所言，不过余与彼数度见面耳。余之老家在西门旱渎桥，陈家在北门府学前。两家数代深交，往来甚密。惟英士先生早岁离湖，故直至后来始相遇也。其兄其弟，及其族人，余皆熟识之而友好之。英士先生遇难（民国五年五月十八日）之前周，余由杨春时（已逝）兄为先导，尚与之一晤也。

上文所述之先烈，皆辛亥时或辛亥前实行革命者也。或者曰：“汝既有此许多好榜样，何以不随从之而大做革命工作耶？”曰，此因余生性胆小，而又缺乏政治智识之故——言之可愧！惟在上海光复后，杭州因驻防将军反对尚未反正时，余等在浙江旅沪学会开会，议决由车站出发，用“龙头”为攻城之具并用鞭爆以助声势——首先拍手赞成者，余为其中之一人。夜九时后，大众由南京路雇车向南而行，余亦同往。惟诸同志在月台闲行候车之际，余潜然而逸。事后许朋非君来信告我云，“车抵杭州时，其城不攻而自破，因将军顾全人民之生命财产，自动退职，已决意不与民军为难。故车中之革命党不必放助势之鞭爆，而站士欢迎者反而放之矣。此行只有欢乐而无危险。君之临阵脱逃，足见君之不知时势不知大局也”云云。

当辛亥武汉光复后，川省继之，宜昌友人曾抄录六言告示一则寄余。兹转录于此，以供研究文献者之用，如下：

> 大清政府恶劣，同胞共见共闻。处处与民争利，还说宽仁厚泽。苛税杂捐日增，用途何人晓得。违背先朝谕旨，假意国有政策。本军顺天应民，已从川楚施设。克日大军到宜，同胞切莫惊骇。决不扰害商民，其各自安生业。汉官倒戈来降，一体务其本业。

此种告示皆钤“中华民国军政府鄂省都督印”，而发帖之期则为“黄帝纪元四千六百零九年 × 月 × 日”也。

三十一年八月六日

附录：

纪念英士先生

今日（五月十八日）为陈英士先生殉国二十七周纪念，湖州旅沪同乡会循例公祭。余恐届时不能参加，特作此文以代一拜（鞠躬）。

英士先生，讳其美，行二，浙江吴兴人，生于清光绪三年。兄勤士（其业），弟霭士（其采），夫人姚氏。有子二，长祖华（已故），次祖龢。民国五年五月十八日在上海法租界寓所遇害，年四十岁。

辛亥年春，余始识英士先生。先此，虽同居湖城，且有世交，而未之遇也。某夕，余闲坐于（上海南京路）浙江旅沪学会之厢房中时，见一戴金丝眼镜者徐步而入。友人许君政，以右手指定我身而作匆促之介绍曰："英士先生，他就是越然——周越然呀。"英士先生对我细细一看，即曰："是了，我想起来了。你懂英文的，你小时候就懂英文的。现在做什么事？"余答曰："在苏州教书。"……最末，英士先生曰："好，好，有暇可到我家里来谈天。"英士先生之小心文雅，即此数语，已可想见矣。

先生十五岁（光绪十七年）就石门善长典习商业。暇时阅报读史，深自勤奋。年十九，中东间发生战事，先生驰书亲友，痛言清廷失政，并力劝国人自图振作。二十七岁（光绪二十九年）辞去典事，来上海同康泰丝栈为会计。明年入理科传习所，研究科学。三十岁往日本，入警监学校，后改入东斌（军事）学校。三十二岁返国，从事革命运动。宣统三年辛亥之秋，武汉起义。先生（三十五岁）奔走宁杭镇沪，计划进行。布置既定之后，即于旧历九月十三日发难。率领同志，攻打江南制造局，破之。众举先生为都督。余躬逢其盛，可谓人生一幸事也。

民国二年发动二次革命，先生就讨袁军总司令职,虽来归者众而事均失败。此岂活动不力乎?盖环境太恶劣耳。

英士先生，革命家也，其勇毅，其精干，其伟大，其谨细，决非一般人所能想见。惜余未曾之与久处，不能全知其性格而学之也。

先生对其胞侄有言曰：“政府当使人民能自立，犹为父母者当使子女能自立也。”斯言也，凡为政者皆当识之。

三十二年五月十八日

文房三宝

宋叶梦得之《避暑录话》云：“世言歙州有文房四宝，谓笔墨纸砚也。其实三耳，歙本不出笔。”当余初习“欢多育寡”及“各得骂人”（请参阅《先教后学》篇）等英语之时，余家确无堂堂皇皇之文房（书室），但余则有拼拼凑凑之三宝。余之三宝，（一）指甲笔尖，（二）颜料墨汁，（三）陈霉洋纸是也。其中有自制品，亦有遗传物，当于本篇正文中作详细之陈述。但本篇所言，不止此三宝而已，后来购买西书及其屡次之损失，与其可珍之要点，亦附带及之。

先父幼峰公，于余六岁之（阴历）元旦日弃世。其遗传物，除田地、房产及现款之足敷吾兄弟十馀年之衣食及教育外，尚有许多书籍碑帖。吾兄弟二人，皆年幼不能应用。故除一部分医书被窃外，馀者由先母封存之。当时漏封者，有一皮面便写簿，内附陈腐变色之洋纸约二十叶，而背脊中所插入之充象牙笔已失其尖，只留其管矣。余初不识此货，不知其为洋簿也，任其飘流于抽屉中之杂货间者多年。后来始知之而重视之。

此便写簿最可珍贵之部分，不是黑黑之皮面，而是旧纸与牙管也。纸虽腐旧，终不失其洋气；管虽无笔，仍得配以他尖。当时吾湖有某某某某两“大药房”者，于如意油、薄荷锭、金鸡纳霜、火油、洋皂、洋烛之外，兼售西式文具。普通笔杆，每枝一圆。“巨”（G）字笔尖，每枚二角。余问价而不即购买者，一因先母不准以有用之金钱，交换“无为”之洋货，二因“巨”字笔尖太巨，不合余家牙管也。然欲写洋字，非有洋墨洋笔不可。余不得已以热水泡颜料而代墨汁，又强剪吾妹所细心栽培之指甲，略加剖割以作笔尖。从前钢笔未发展之际，西人有以鹅毛为笔者，余修改指甲为笔，亦不得不谓之发明。

余幼时发明之能力，不专限于上述之正式笔墨。另有一事，不妨陈之，望阅众勿笑我顽皮可也。本家有深于鸦片烟瘾者，余每日见其装烟吸烟而羡慕之，颇有仿行之意。但因腰无半文，不能购鸦片烟及其用具——彼时烟与烟具，均公然在市上发售。余自思自语曰：“倘然要作此游戏，非自己想法不可。——是了是了，有了有了。”次晨黎明即起，一小时内，烟与烟灯、烟枪均齐备矣。烟以松香代，灯以介壳为之，枪则以破竹改造之。余正拟躺下“享受”时，吾母默然行来，即以余之破竹为刑具而带鞭带骂曰：“你一无所能，既不能读书，又不能做工——真所谓肩不能挑，手不能提——你这一点点小孩子，倒要吃鸦片烟，我把你打死罢。”余跪求曰：“饶我，饶我！我不是真吃，我是玩的。”先母曰：“鸦片可以玩的么？你自己寻死，不如我把你打死。”余曰：“母亲，饶我！那不是鸦片，是松香呀。”

余之发明鸦片，当然不及发明笔墨之有益，但两者皆足以见余之“天才”，皆足以见余幼时思想之灵巧。惜当年未曾专攻理化，或专攻工程，故后来既不能为国家效力，又不能为自己求荣也。

余离题矣，请归三宝：三宝中之腐纸与笔管，先父之遗物也。先父在江宁时，从李善兰为师，攻研数学，回湖后又研习国医。惟于离宁之后，归湖之前，曾在申江小住年馀。此皮面便写簿，想必于是时购得而携回湖城也。附纸之首二页上，隐隐似有西字痕迹，不知是否吾父遗墨。余幼时已无法查问，今此簿全失，更无追求之根据矣。先父精于天算医理，书法董其昌，其墨迹或见于书跋，或见于稿本，皆由家兄保存之。

先父之皮面便写洋簿，非独赐余以学写西字之机会，且启余以认识西书之门径也。余后来一见西书，无不想买，无不想看者，因有此一簿之故也。余于廿一岁（光绪三十一年乙巳）在乡镇教英语时，已得西书约五十册，其中大部分为初级教科书。然亦有名著如原本《原富》

及《泰西新史览要》。寒假辞职回城，余于前夕将各书装入旅行用之竹箱内，而以旧式铜锁锁之。抵家后，开箱一看——呀！书全去矣！所存者纸包之砖块而已。是年有闰月，所得薪水共计二百三十四元，约书价之三分之二，真湖谚所谓“偷鸡不着，反失一把米”也——此为余损失西书之第一次。

第二次损失西书，在民国元年壬子（一九一二年）。余于阴历五月底皖校放假归家时，将带去之书，装成四箱，安置于卧室中。待秋季回去时，则箱已损坏而书已不在矣。后倪都督到任，下令将各校停办，余之书籍即不被窃亦等于废物矣。留皖被盗之书数目固大，但无善本。余最心好之书及较善之本，均存湖宅，故虽赤手空拳而归，仍得安居于旧堡中也。

余之书籍，受最大之损失者，民国二十一年(一九二三年）也。——此为第三次，最末一次损失。是年春，闸北自建之住宅，即所谓“言言斋”者，全部被毁。汉文书籍之遭劫者，计一百六十馀箱，约三千种，而西文书籍之被焚者，计十六橱，约五千册。汉文书中有元明孤本，亦有名家稿本，西书中亦有名贵者一百数十种。他日当另为文，详述言言斋之构造与内容。

三十一年八月十三日

言言斋

本篇追记言言斋。言言斋者，余旧时（民国二十一年二月以前）藏书之处也，其位置在上海闸北天通庵路三省里。当时所储之汉文本，大部分为词曲小说，而词曲小说皆以“言”字为边旁，故取名“言言”，不作“高大堂皇”解，亦不作“意气和悦”解，如《诗》所谓“崇墉言言”或《礼》所谓“二爵而言言斯理矣”也。欲讲房屋，必及工程；欲讲书籍，必及版本。惟工程与版本为专门之学。工程重在材料，重在尺寸。版本重在刊刻，重在行格。——两者皆干枯无味，非一般人所欢迎。是故本篇只述言言斋之外形，只述言言斋之构造及其主人最初购书所得之经验也。

言言斋在闸北宝山路西，宝通路北之天通庵路转角。屋之面积约五十方丈，坐北朝南，前有花园，后有菜园，左右植树，全地占二亩半，以竹篱与邻家及马路为界。

言言斋之屋共分三进，均有楼房。第一、第二进上下各为六间。两进相接者，左右厢房也，中间则一长方形之天井。第三进楼房四间，楼下三间，有正方形之楼梯间与第二进相连。楼梯间在左首，右首为长方形之小天井。第一进另有楼梯间，在厢房与正屋之间。是故全所房屋成一“巳”字之形。后来精于风水者告我云：“巳为火，所以必遭回禄。”余答曰：“可惜于建造之前，未曾请教，故不能免此大灾。但不知当年钱牧斋之绛云楼，是否亦成巳字形。何以其书亦全数被焚耶？”余意天下事集者必散，合者必分。自古以来藏书家，如吾湖之陆，杭州之丁，山阴之祁，鲁省之杨，长沙之袁，上海之郁，独山之莫，江阴之缪，不是廉售其宝，必是全数遭劫。其分散一也，所不同者保藏时间之长短耳，宁波范氏天一阁，虞山铁琴铜剑楼，自明至今，子孙世守其书，虽间受损失，而大体无亏，真盛事也，真可羡也。余开始购求古本，约在民国五年丙辰（一九一六年），而言言斋遭难在民国二十一年壬申（一九三二年），前后不过一十六年，为期可谓短矣，足见余之德薄也。

言言斋第一、二进楼下左边两大室与其厢房，及楼上第一进三室，皆作储藏书籍之用。中籍均置于箱内，西籍均装入橱中，其箱数、橱数、册数、种数，已于《文房三宝》篇中言之矣，本篇不必赘述。本篇所欲继续言者，余购书所得之经验及数种名著之版本也。

余于最初购书之时，喜在冷摊前，荒铺中闲荡。炎天满头大汗，冬日四肢僵硬，东张西望，意在以廉价而获得奇书。其实，此乃无经验者之“独腹”（苏州土话），书呆子之“一厢情愿”也，费时费力，莫此为甚。天下只有错买而无错卖，只有贵买而无贱卖之理。书贾虽有不知版本者，但终究做过学徒，终究有师传授，见得多，听得多，对于刷印纸张，对于市价升降，无不明明白白。站立于冷摊前，店堂中，而欲寻获佳本者，癞蛤蟆想吃天鹅肉也，其难等于升天。余曾为癞蛤蟆者年馀，所得者不是丛书零种，必是翻版后印。在此学习期中，余所得者当然不是“古”本“孤”本，而为“苦”本“哭”本也。

书铺取得大批书籍后，必作仔细之考查，先将最善者及较善者提出，分售与相当之老主顾，或有力之新主顾。其普通者及有疵瑕者，则插入架上以应门市。书铺印送目录，其意全在出清架上陈货，非欲以上品售与一般人也。是故购书最妥之法，莫如堂堂皇皇步入店中，谓欲为自己或某机关购办某类书籍，请其开单连同“头本”（样书）送至某处是也。所开之帐及所送之本，未必合理，未必可靠，但终较自己瞎寻，自己问价讲价为愈。一次两次之后，店主见汝有金钱能力，虽名贵之品，即架上所万万见不到者，亦能送来。余于大量购书时，曾采用此法而获得（一）明山阴祁氏抄本《文贞公诗集》，（二）

黄丕烈跋明写刻本《文温州集》，（三）劳权手校《齐东野语》等等精品。兹将其行格、印记等择要开列于后：

（一）《文贞公诗集》十卷，又后录，元曹伯启撰

祁氏澹生堂白皮纸，蓝丝栏抄本，每半叶十行，每行二十字，后录末有吴全节跋，卷首护叶有方形篆文图记，即所谓“旷翁铭”者，其文云：“澹生堂中储经籍，主人手钞无朝夕。读之欣然忘饮食，典衣市书恒不给。后人但念阿翁癖，子孙益之守不失。”总目首叶有（一）澹生堂经籍记，（二）旷翁手识，（三）山阴祁氏藏书之章等印记。

（二）《文温州集》十二卷，明文林撰

明刻白皮纸初印本，每半叶十二行，每行二十字，白口，左右双栏，前有明弘治二年敕令。收藏有（一）邓尉徐氏藏书，（二）曾在阳湖恽氏，（三）汪士锺藏，（四）徐坚藏本等印记。卷首护叶有清嘉庆元年吴县黄荛圃（丕烈）手跋，兹节录如后：

> 《文温州集》，相传为其子徵明手书以付剞劂者，故藏书家于明人集中最为珍重。（中略）孟陬下浣，观书学馀书林，主人以新得光福徐氏书，故邀余鉴别之。翻阅一过，（中略）苦无当意者，惟此尚为名书，且需直不昂，以青蚨三星易之。书友相视而笑，莫解其故，余亦未明告之也。近

日书价踊贵,遇此等书反有贱售者,坐不识古耳(下略)。

（三）《齐东野语》二十卷，宋周密撰

明毛氏汲古阁刊本，每半叶八行，每行十九字，前有密自序，元至元辛卯载表元序，及劳权补抄明正德胡文璧序，盛杲序。全书有劳权朱墨二笔校字。目录末及每卷末均有劳氏手跋，因字数太多，本集篇幅有限，不能一一转录焉。劳权，清浙江人，校勘专家也，善作蝇头小楷。

考查刻本,较鉴别抄本、校本、跋本为易。《文温州集》之白皮纸初刻者，《齐东野语》之刷印精良者，虽无黄跋劳校，市上亦视为奇货，不肯贱售，至于抄本、跋本、校本，倘为后人伪造者，则非独分文不值，购之反而贻笑大方。求古书者，慎之慎之！

初学版本者，最好常常翻阅商务印书馆之《四部丛刊》。其中影印者，皆为名著名刊，见者虽非真本，然原书之面目尚存也。以此为参考，则购书时眼光较大，且有把握，可以不吃大亏，可以少上小当。再初购书者，同时必备：（一）莫郘亭之《知见传本书目》十六卷，及（二）孙殿起之《贩书偶记》二十卷。前者虽有不可靠处，但翻查最便。后者专载四库以外之书，颇有实用。余当年因不先备目，因“暗中摸索”，受损不少。他日有暇，当再细述之。今日所欲声明者，即余之学看版本，不以《四部丛刊》为凭借是也。余家素多藏书，明刊清本，幼时已能辨别。不常见而不能认识者，宋椠元刊也。来申后，有上等书贾某君，送来宋金元单叶一百四十叶，阅之诚佳，遂出巨价购之。此一百数十叶，经史子集全备，纸色古雅，印记显明，每叶代表一书，不是一卷之首，必是一卷之末，不啻一百数十部古本也。后来又在某古玩铺中购得同类者四十馀叶，共约二百叶。故各藏家所有之宋金元本，余家必有一代表叶，得价虽巨，尚称值得。初买书者，倘欲求类似之单叶，可购书影以代之。书影之最著者，（一）《瞿氏宋金元本书影》（附识语），（二）《故宫善本书影初编》，（三）《盋山书影》，（四）《吴兴刘氏嘉业堂书影》，（五）《武进陶氏涉园书影》，（六）《静嘉堂宋本书影》，（七）《文求堂善本书目》是也。

但日日观看书影，一意"佞宋"，有时难免自欺欺人。民初四川考古家（？）某姓，得明嘉靖《唐诗纪事》八十一卷，张子立刻本也。因其中缺笔之字，与普通宋版书暗合，遂定为宋本而覆刊之。不知此书总目后附有明嘉靖间人张子立识语，购之之时已为贾人割去，故闹此笑话。闹宋版笑话者，不止此一人而已，余当于将来之回忆录中或版本篇中，随时讲及之。张刻《唐诗纪事》每半叶十行，每行廿一字，白口单栏，有嘉靖乙巳张子立序（四川翻刻本，此序亦缺），计有功序，又嘉定王庆长序。余家有此本，张序张跋，均存在也。

或者问："言言斋既有如许佳品，何不于廿一年二月以前，先行移开，而任其遭难耶？书籍与文化有关，保存之者应负相当责任。"余答曰，当时闸北居民，尤其是商馆职工，皆有一种"正大光明"，牢不可破之主张。其在事前见面时，常互相问曰："搬不搬家？形势愈紧张了。"——"不搬。"——"我也不搬。"——"国可亡，家不可破么？"——"很对，很对。国若灭亡，家焉得独存？"——"我不搬家。"——"我也不搬。"余尚忆一月二十左右之某晨，商务将其最重要之文件装车运出闸北时，一方面受警察之严查，另一方面则听人民之呼喊，盖暗暗责其移动之错误耳。余虽惜书如命，亦不敢大举搬场，而犯众怒。幸祖宗遗墨，如先本身祖岷帆公之《螟巢日记》四册及先大伯父小帆公之家训两册，早已寄存妥善之处，不受丝毫损伤也。

最末，言言斋之被焚，实是天意，而非人力所能挽回。余于每岁阴历九月初六与廿六之间，必作一奇梦，其地点似苏州而非苏州，似南京而非南京。先上一环洞之石桥，后转入荒凉之白地。正拟回头，则又身在闹市之中……身入大庙之门矣。庙为神庙而非佛庙。大殿极高，前半空无一物，后半满是巨大之神像。余每年必在其身旁偷偷走过，不敢出声，亦不敢仰视。待走入小弄，出后门时，则满身大汗而觉。三十岁后，年年不能免此一梦，且年年在梦中无不自知做梦。四十七岁之梦变矣，过桥及入荒地之情形一也，进门及见神像之情形亦一也。惟于经过像身之时，余曾向上一看，见诸神目灼灼而发明亮之电光，且转动疾速而不已止。余心惊之至，向小弄中奔去。甫出后门时，回头一顾，则红光满天，全庙着火矣——此殆暗示言言斋之盛（建筑）衰（焚毁）耳。余不重风水而好说梦，阅众请勿笑我“片面”迷信。

三十一年八月十九日

购买西书的回忆

我从小就喜好书籍。自十一岁认识“ABC”(音爱皮细，作“西文字母”解)之后，我就开始购买西书。老家中富多国籍，所以无意添加。最初求得的，无非初级读本，小型字典。后来渐及地志、算术、生理、历史、文法、文学……我们的吴兴城不是通商口岸，离上海三百馀华里，至今还没有出售西书的店铺。同时我们也不知道上海有什么西书出售。好得当时在城中的传教士，总有几本随身带的书籍。《圣经》是免费的，不过我们看不大懂。我们拣看得懂的，或者向他们暂借，或者抄录名称，托朋友代买。

当时为我办那种差使的，不是我的朋友，也不是我的亲戚。他是一个小商人——所谓“中西大药房”的所谓“经理”。他非独售药，并且售毛巾，售拖鞋。他说他上海熟人很多，可以为我们代购一切。所以我们托他带汽水，带磁盆……。我们托他带的东西，无有不到，但是他所取的费，似乎不小。我托他带的书籍，也是这样。他姓孙，字玉峰（？），现在恐怕已经弃世了。

我每月每年这样托他购书，到了二十岁，已经几几乎可以装满一小橱。二十一岁有人请我到小镇上去教学英语。我把全数的三分之二都带去参考自修。不料放假归家，三分之二的三分之二为识者看中，被窃去了。这是我第一次亡书。

第二次亡书，在民国元年。那年上学期我在安徽高等学校当教务主任。暑假后，因为第二次革命的关系，我不能准时赴“任”。等到我抵达安庆，进校入室之后，我立时发见我所留存的中西书籍——约三百册——统统没有了。再三查问，始知全被“丘九”（民初骂学生语）拿走了。我并不烦恼，并不发怒。我以为他们拿去，不是因欲卖钱，总是因欲求智。书籍是身外之物。我需要的，我可以随时补购。区区三百册，真不足惜！我在安庆小住两天，即重返申江。因为那位倪老都督，观于各地的“暴乱分子”有类似学生者，禁止我们开学的缘故。

我第三次亡书，在民国二十一年（壬申）一·二八事变中。当时我家（作动词用）闸北天通庵路，藏书的几间屋子叫做“言言斋”。炮火连天的时候，房屋同书籍，均遭了殃。除国籍一百六七十箱不计外，我所损失的西籍总在三千种或五千册以上，其中五十馀种，系绝版者或稀罕者。

我讲了半天，专讲“亡”书而不及“买”书，岂非离题么？岂非故意不入题么？不，不——我将原因与结果倒置了。购书是原因，亡书是结果，我理应先讲原因，再说结果，先讲购买，再说失书。不过我所以这样，所以颠而倒之的缘故，因为得书是乐，失书是痛——先讲失，再讲得，似乎少些伤心。阅众以为然否？

现在我讲原因，讲我的购买（西书）经验：

我最初购书，就采用——代理法。吴兴城里的那位孙玉峰先生，就是我的代理人。

代理法有优点，也有劣点。优点：书价不必预付，货到齐了，然后交款。倘然货件错误，购书的人，可以退还，可以不收。购书的人，只须开一清单，写信寄信等事，统由代理人负责。劣点：代理人喜延宕，不肯赶紧；要候便，不肯专办。他们因欲节省纸墨，节省邮费，非待许多生意到手之后，决不为你的一本小册子而发上海信。我深知他们这种“毛病”，所以后来在上海托别发、中美、伊文思向外洋购书时，我必定去一封正式信，其中除著者、书名、定价、出版家外，另加两语道：（一）“我希望此书于八十天以内到申”；（二）“至于用费（expenses），我全不限制。”有一次，我因为误写“八十天”为“四十天”，上了一个大当。他们见我有“用费……不限制”的话，马上打电报到伦敦去。我所定的书，不到三十五天就到了，但是我付的电报费，比书价大三倍。此真“女儿大于娘”了！我所得到的那册书，就是国父《伦敦蒙难记》的一八九七年西文原版。

打电报购书，在西洋方面，不算一回奇事。美人向伦敦购买古籍，十九总用电报，因该地书癖最多，“足”不“捷”者不能“先登”的缘故。我国购古书者，倘然采用电报法，定必失败。我国南北各书贾，人人都有疑心病。倘然他们看见有顾客用电报来购书，那末劣货立时变成精品，烂板立时变为宋刊了。他们把那部破书，马上从架上抽出来，望里面一藏，给你一封平信，说道：“书已出售，另有精本（寄售），价若干元（暗加十倍）。”但是我向外埠购书，也曾用过电报。我那两部木刻的小说——《痴婆子传》与《灯草和尚》——就是用电报购到的。不过我并不直接打给书铺，我打给朋友，请他立时立刻到书铺去购。所以我的电报法，依旧是代理法。

除了代理法与电报法外，还有通信法与直购法。我先讲通信法：

西洋有少数“奇”书，出版者决非大公司，而出版人又似无固定的住所。倘然你托伊文思、中美，或者别发代办，他们会对你说道：“那边我们没有代理人。”或者说道：“我们愿意去试一试，不过我们不敢负责。”

要购买这一类书，最好采用通信法。就是说：你写一封信，买一张汇票，将汇票封入信内，将信件挂号寄去。结果：九得一失（不是一得九失），总算不得失败。我一小部分的“性”书，是用这个方法得来的。但是我的“九得一失”——我的一失太大了。我曾经损失五十镑，我曾经被骗五十镑——我太冒险了。

我的一小部分“性”书，是用通信法得来的——这在上文中已经提过了。我大部的“性”书，则由直购法而得。直购法，就是面对面的买卖，就是亲自到铺中或摊上去拣中意的书，问价，还价，付款，取书而出的意思。八一三以后一年半之内，我用这个方法，在全市冷摊掏得的“性”史约四十种，价钱相当便宜。我不知道八一三后，这种同类的书，为什么这样多。从前为什么一种都不出现？难道是命既处于险境，性更不必研究的意思么？有人说那都是某医师的旧物，他的夫人因欲迁往内地，售与他们的——此说似乎可信。

直购法的优点，是见了好的，马上可买——不必烦劳代理人，也不必通信发电。但它有它的劣点：（一）你初次上门，他们不认识你，不明白你的身份。你问他们书价，他们不是冷淡你，就拿高价来吓你。（二）你常常上门，他们已经认识你了，已经知道你的性格了，已经同你做过许多交易了。你所拣选的书，一定是你中意的。所以你问价的时候，他们心中存一个“何不敲一记？”的念头，所以取价必高。对付（补救）第一个劣点，只要假装呆头，假装聋子。他们无论怎样讥讽，我和和气气地还价，还一个“打蛇打在七寸上”的公平之价。他们知道你有资格，第二次上门时，就会巴结你了。对付第二个劣点，可采用（小人之道）“偷天换日”的法子。譬如：你决定要买“甲”书时，故意拿一本“乙”书问他们价钱——“甲”“乙”两字，代替书名。他们必定说道：“这本书稀罕得很。昨天有人来问过，我要他八十元。你先生是我们的老主顾。倘然你要，打一个七折罢——算五十元好了。”在这种情形之下，你应当东翻西翻地细看乙书，同时假作“手不忍释”的状态，并且说道：“书是好的，可惜太贵了……”然后你左手持乙书，右手指甲书而说道：“那一本与这一本差不多，为什么只要十五元呢？”他们听见了你的话之后，必定把甲书抽出来一看而说道：“不，不，它的定价是二十元，不是十五元。”那末你可以说：“我今天带钱不多，让我先买这一本罢。打七折可以么？”

偷天换日的法子，很多很多。上面所讲的，不过一个例子。将来如有摆书摊者看到我这篇回忆，请不骂我为骗子。我曾经做过好几次骗子。“骗”到的书，有裘力氏英译本的《红楼梦》（一九〇二年澳门版）等等。

用直购法向正式书肆购书，不必“偷天换日”。他们的书价和折扣，是“童叟无欺”的。

我采用上面所讲四个方法——代理法，电报法，通信法，直购法——所得到的西书，虽然已在一·二八时遭劫，但一·二八后补购的亦属不少。我家中现有者，总在一千五百种以上——大部分为文学书，足供我年老时的消遣。并且除了国父《伦敦蒙难自述》与裘译《红楼梦》外，还有珍贵之书多本。我将他们的名称开列于后，以见西洋人的注意我们，研究中国文化，已不止一百年了。下面各书，虽非孤本（unique），然皆罕见（rare）：

（一）《第一次英国使节来华记》，史当登著。一七九七年伦敦版，全三册，残存首两册，附详细中国地图。

（二）《鸦片章程》，华英对译本，全一册，一八四〇年澳门版。

（三）《游江南传》，沈金（？）译。一八四三年澳门版，全两册，有赉格（Legge）氏引言。

（四）《好逑传》，一八六一年英国版，全四册，有精图。

（五）《忠王自传》，雷氏译。全一册，一八六五年原版。

（六）《鸦片战记》，巴克译。全一册，一八八八年原版。

（七）《王充论衡》，德人福开译（英文）。见一九〇六、一九〇七、一九〇八年德国杂志。

（八）《李鸿章剪报簿》，麦克辛著。全一册，一九一三年英国版。麦氏即机关枪之发明者。此书述在华传教士的劣行，附图含讥刺性，英美政府均暗暗禁售，故海内海外大小各图书馆均无有。

附识：我国要购办或调查西洋古今书籍者，最好参考商能训（Sonnenschein）氏的《最佳本》（Best Books），全书六巨册，是一部完备的书目集成，所有世界各国用英语写成的名著，无不尽载。

三十三年八月十日

编译之味

“编译”之意，以卖文为生活也。其成功者，人以美名称之曰“作家”；其失败者，人以恶名讥之曰“文丐”。

编译者之种类不一：有剪报生，有誊录员；有管理员，有练习生；有报馆编译，有书坊编译；有小书铺编译，有大书局编译；有馆外编译，有馆内编译；……馆外编译者，零件工人也，其报酬在工作完成后始发给之。馆内编译者，正式职工也，其报酬按月付与之，工作之多寡并不计算。余在过去之三十四年中，曾经饱尝各种编译之味——曾任小书铺及大书局之编译，曾任馆内馆外编译，又曾任报馆之编译——曾发生许多笑话，曾获得不少经验。兹在本篇中约略言之，以供阅众之消遣。

常人云:“编译之事,并不如挑担拉车之吃力,剪剪贴贴，写写抄抄而已。”——提起“抄”字，余当先讲一富多兴味之故事，如下：

余性嗜书，故于日日“制造”书籍之时，仍不忘购书读书。他人“吃一行，厌一行”（即编译者不好阅读之意），余则反是“吃一行，好一行”（即吃书饭时，不轻视书也）。民国四年之春——是时余任某编译局之正式职员——市中书肆中忽然发现大量西文法律书，心理学，教育史，新小说。余因一时手头无钱，遂商之科长，请其嘱图书馆备办编号，归我借阅。科长曰：“此事我不能作主。本局添购西书，非由局长审定签字不可。倘然你一定要买，请你自己去问局长。他答应后签过字，你叫账房去买好了。”斯时余应感谢科长之良言而将购书之念取消之。但余年尚幼，不知轻重，竟直奔局长处而以书单呈上。局长严然问曰：“什么事？”余曰：“要买书。这是书单。”局长曰：“你尊姓？大名？什么部？”余曰：“周越然，××部。”局长曰：“请坐。让我看单子。”继而曰：“书都是好的，恐怕很贵罢。不过我要问你：这些书买到后可不可以抄？”余彼时脑力尚强，不如现今之迟笨，立即答曰：“可以，可以。原是要抄呀。”馆长曰：“那末让我签字，你叫他们去买就是了。”余将书单交出，退归原席时，不觉暗暗自笑。此数种书余欲以作自修之用也，而以“可抄”答之，难免欺人说谎之罪。但世之为“老板”者，有一文开支，希望一文收入。开书坊者不购可抄之书，而买同人欣赏之书，其不亏本倒闭，无天理矣。是故余当日倘以直言相告，则非独不能“揩油”，且必大受申斥。可知吾人有时亦不得不作虚语。邻妇有浪漫不规矩者，汝明知之。其夫识汝多年，倘一旦亲来探问，汝应作谎言乎？抑以所见所闻者直告之耶？

故事已毕，请言经验：

余之作编译也，开始于在湖之时。先师雷女士授余以陆克武（Lockwood）及伊默逊（Emerson）合著之《文法作文合编》，余以其繁简不称，大不满意，常常与之辩论。一日雷师语塞，带愤带笑而言曰：“照这样讲，你的文理比著者更精了。我希望你做一本专为华人用的文法书。”余曰：“我早已开始了——快要完成了。脱稿后马上请你指正。”此非“鼠牛比”，确是事实，余于闲暇时，已编成《简明英文法》一卷，誊写甫毕，正在装钉中。二十四岁（一九〇八年）之春，友人（江西）胡梓方（已逝）君将此稿转托徐闰全君售与商务。不成，故未出版。

三十一岁余入商务印书馆为编译员。余入商务，不写自荐书，亦不经考试手续，而由其英文部部长邝耀西（富灼）君保荐也。邝君，广东香山人，早年留学美洲，得硕士学位，归国后又在北京考取文科进士（光绪三十三年丁未），精于英文，人极诚笃。余识邝君，似在光绪三十四年（一九〇八年）。是时余在苏城毛实君所办之英文专修馆教书，而邝君常来参观。某晨，余正授地理读本中之柏林城时，邝君又来。课中多德文名称，余均依照德音发之。课毕后，邝君走至台前，自作介绍，余亦依西礼而答以己名，邝君又曰："你的英文很好，想你的德文也必好的。"余曰："德、法、拉丁，我都学过，略识数字，念念地名罢了。"

嗣后邝君来苏，无不至余处谈天，而我二人渐成至交。后来余进商馆，系彼自愿介绍，非余求彼推荐也。邝君于前岁逝世，其著作甚富，全载商馆旧目。

当时苏之英专，颇有模范学校之名，故来参观者不止邝君一人而已。辜鸿铭君亦常常亲临。辜君第一次来参观时，余适授《鲁滨生飘流记》。不待余课毕，辜君口衔雪茄而发英语命令词曰："停止，请停止！我是辜鸿铭，要先问你们一句话：你们教的读的是什么书？"余起立曰："《鲁滨生飘流记》。"辜曰："你为什么要教这书？"余曰："因为他讲冒险进取的故事呀。"辜曰："但这本书只讲一个人的冒险进取，最好选一本讲许多人冒险进取的书。"余曰："我的智识有限，找不到那种书。请辜先生介绍一本罢。"辜曰："那里的话！难道《聊斋志异》还不是么？还不好么？"余笑而言曰："辜先生，恐怕毛提学使要反对罢，不答应罢。况且我又不教国文。"辜曰："也好，也好，你就教这本《飘流记》罢……我再问你：你是不是圣约翰出身？你的英文倒还不错。"余答曰："惭愧得很，我连约翰的大门都没有见过呀！"

一月之后，辜君又来。走入课堂后，彼即高声曰：

“周君，我认识你，你认识我么？……请你停一课，我同你去参观高等学堂。回来再到你房间里去谈天。”后来在卧室中闲谈时，余低声下气而请问辜君曰：“先生熟读喀赉尔氏（Carlyle）的《法国革命记》（French Revolution）。我再三细读而终不得其义，不知何故。请先生指教。”辜君曰：“好，好，容易得很，你是一个很聪明的孩子（辜君长余几三十岁）。我只要给你一个纲要，我只要给你四个字——乱臣贼子。你再去读，就明白了。这是他们的《左氏传》呀。”试之，果然。余之能读此书，全是辜君之力，故至今心感之。后来辜君来苏，赠余墨宝多件，今尚存在。辜君，字汤生，福建人，留学英国，得最高学位，曾译《中庸》《论语》为英文，又曾著《尊王篇》等书。各书绝版已久……余离题矣，请归正文。

余进商馆，正在其发展之际。当时英文部中，除部长邝君外，有同事徐闰全、甘永龙、吴步云、张叔良、邱培枝等君。后来事业日渐扩大，如发行周刊，开设函校，编译教育书籍等，始添聘郭秉文、蒋梦麟、陈主素、李培恩、邵裴子、龚质彬、周锡三、平海澜、周由廑、陈布雷、吴致觉、黄访书等君。余初到英文部时，专作翻译校读之事。一二年后，始有一部分工作由余负全责担任，并有为余助者二三人。余自民国四年入商馆至二十一年一月止，除为之编校函授讲义，为之批改函校课卷，并为《英文杂志》

及《英文周刊》作论文外，所编所译之书，有下列三十二种，其名称为：（一）《英字切音》，（二）《英字读音》，（三）《初级英语读音教科书》，（四）《英文启蒙读本》，（五）《国民英语入门》，（六）《新学制英语教科书》（二册），（七）《新法英语教科书》（三册），（八）《现代初中英语教科书》（三册），（九）《英语会话公式》，（十）《中等英语会话》（四册），（十一）《初级英文法教科书》，（十二）《英文造句法》，（十三）《英文作文易解》，（十四）《英文作文要略》，（十五）《英语卅二故事》（与桂裕合编），（十六）《英语模范短篇小说》（与桂裕合编），（十七）《爱神及其恋人》，（十八）《女水仙》，（十九）《禽与兽》，（二十）《伍倪奇缘》，（廿一）《鬼沼缘》，（廿二）《英美文学要略》（与邝耀西合编），（廿三）《英语初学诗选》，（廿四）《书与观念》，（廿五）《英语中国故事》，（廿六）《文学片面观》，（廿七）《生命与书籍》，（廿八）《英语教授法》，（廿九）《小学外国语教学法》（汉文本），（三十）《德国学校近世语教授法》（汉文本），（三十一）《莎士比亚》，（三十二）《英语歧字辩异》。

除上列者外，尚有（甲）《伊尔文见闻杂记》，（乙）《金河王》，（丙）《天方夜谭》，（丁）《海外轩渠录》，（戊）《古史钩奇录》五种注释本，皆于馆外成之。甲种成于宣统元年（一九〇九年）之春，其馀四种成于民国元年（一九一二年）之秋。此外余在馆外编辑者，即畅销二十馀年，修订五六次之《英语模范读本》也。此书成于民国七、八年间担任南京教科之时，原为四册，后因学制变更，改为三册。他日当另作一文以纪其事。

余于民国元、二年间，未进商馆之前，曾为国华书局之英文总（？）编辑，出版之书有（子）《英文共和新读本》（三册），（丑）《天演论注释》，（寅）《英音引钥》，（卯）《美国制度大要》（汉文本，与青浦沈彭年同译）。复次，民国十年余又为《时报》编教育新闻，二十一年后，为《晶报》撰游戏小品，故上文谓余"曾任报馆之编辑"也。

最末，民国二十一年以后，余因杂事过繁，精力又衰，为商馆编辑者只一小册子，即《英字拼音入门》是也。此书出版于二十八年（一九三九年）之秋，甚合初学之用。余编次之时虽不费力，但极得意。

三十一年八月二十五日

《模范》小史

本篇言拙著《英语模范读本》（Model English Readers）（以后简称《英模》）自出版以来之经过，故以“《模范》小史”为题。《英模》成于民国七年戊午（公历一九一八年），初为四册，后因中学学制变更，改成三册，即取消第四册，以符合初中教程也。从开始至现今，修订计五六次，销行约百万部——在此二十五年中，华人自编之外国语读物，决无胜过其耐久力或超过其畅销性者。民国十年至二十年为《英模》最盛时代，虽不能“家喻户晓”，但确然“风行一时”（全不鼠牛比）。下面先言本书之动机与编辑，宗旨与内容，再言装钉与销数，抄袭与译注等琐事。倘有错误，望阅众原谅。

一　动机与编辑

余初入商务之任务，不在编辑读本，而在书写杂文，审查稿件，代理信札也。后来创办函校，始以订立章则，编辑讲义，批改课文为正务。编辑读本一事，余自己无意为之，而商务亦不欲余为之。《英模》之所以归余编辑也，有奇异之动机，简述如下：

当民国五六年间，西人及华人之以英文读本稿件投入商务者，为数甚伙，非太简，即太繁，非材料不称，即不合学制——千篇一律，陈腐可笑。盖当时“作家”皆不谙外国语教育法原理，专究英美人本国文之读物，而未见德法人外国语之教材耳。长沙盖葆耐之《实习英语》，尚合初学之用，但只出两册，屡催而不继续。广州葛某某之《英文 ××》，虽已决定购买，但条件不合，竟为他家夺去。商务因时势之要求，颇欲添印最适用者一种。英文部部长邝耀西博士（进士）因之多方托人，致信南北中西各教育家，请其编辑或贡献意见。同时亦邀余加入“竞赛”（用脑用手，不用腿足）。是时余正欲脱离商务而就南高，故所编之样课三十二（？）节，既不誊正，又乏精图，一见即知其为草率之作也。不料余抵南京未及半月，而邝君即有信来，谓所长与彼皆以余之样课为最佳，已决定收受印行，嘱我从速完成云云。后闻当时应邀而投稿者有八九人之多，或全部完成，或已成一册，或誊写精审，或自描彩画，商务皆一一婉却之，而所长部长能预知余书之广销而采纳之，无怪大众公认其为印刷界之威权，文化界之指导也。

《英模》全部材料之取获及誊写之大半，皆在余任南高教务之十三个月中。余在南高，名义上虽兼主任衔，而事实上办公时间不多，故有馀闲可作自修及编著等事。

二　宗旨与内容

宗旨，即原则也。编教科书者，虽必遵照教育部之课程标准，虽不可自定原则，但采用新颖之方法，加附有益于心身之材料，当然不受禁阻。民初教部所定之原则甚简，故“制造”读本者，几乎完全自由。余利用机会，将万国语音学会之音标编入书内，或见于练习中，或见于字汇中，以为教授正音之助。第一册脱稿之时，其最初三十二段（？），全用音标写成。后来因此方法太新，恐教部反对而删去之，另成一小册，名曰“初级英语读音教科书”，出版后即由商务送部审查。其批词甚长，商务与余均因二十一年之变，全文被焚，惟余尚忆其大意：编辑人于西文字母之外，改头换面，另设奇形之新字母，显系杜撰，实属荒谬绝伦……余愤极，次日即上书教部，说明万国音标之作用与历史，并以万国语音学会（余为该会会员）宣言书赠之。余之信稿同时又付本埠时报发表，字数均在二千以上，登出之年月日已忘，且原稿亦已失去矣。大概谓万国音符已通行欧美各邦，有字典，有教本，为外国语教育之最有效工具，非余所特创也。一星期后，余接教部某公来函，劝我息怒，将大事化为小事，将小事化为无事。——最伤感情者，莫如以坚强之词，在报章上攻击个人或机关也（此为余生平所得忠告之有价值者）。某公又谓以后余所编之书，彼当竭力为我从速审定，惟《初级读音教科书》之批，已经公布，无法收回，只得含糊了之。……所谓“含糊了之”者，即下录之复“批”也。

迳启者：顷奉本部第三三二号指令：开“令编审处审查股主任陈××，据呈称‘遵示复审商务印书馆呈请审查之《初级英语读音教科书》一册，该书采用万国语音学会之读音字母，以为英语拼音之助，用意甚善。惟中西语文，形态迥异，初学外国语时，即于寻常字母之外，加授读音字母，难免烦累淆混之虞。若在中等以上学校，学生程度稍高，得此字母，宜足以求程功之速，济教授之穷’等情。查该书以读音字母，防检英语读音之讹误，分课演进，尚便练习，应准中学，师范各校酌量采用为英语读音教科书。俟由本部随时查考学生读音之成绩及英语之进程，认为确有成效以后，再行审定公布，并将此种字母逐渐推广，以符实事求是之意。仰即知照该书编辑人可也。此令！”等因。奉此，即乞贵馆查照为荷！

此致商务印书馆。教育部编审处审查股启。

据此可知教审处已软化矣，已不以余为杜撰者、荒谬者矣。所以第一次《英模》送审，立时批准，且有嘉奖语也。

余离题矣，请言《英模》之编辑宗旨。

习外国语者，无非欲（一）讲话，（二）听讲，（三）阅读，（四）书写也。讲话，听讲，非发音正确不可。阅读，书写，非熟习文法不可。但有学习英语三四年，既重发音而又重文法，而一无所能者何故乎？曰半在教法不佳，半在课本不良也。余辑《英模》，将当时拆分隔离而授者，如习字、读本、造句、会话等课，综合排列，合一炉而冶之，使教师走入新途，采用新法，不能再唱老调，而学生日得新趣，日觉上进，立志自求深造也。第一册授日常所用之字句，人身各部之名称，学校所见之事物，家庭所需之用语，并授数目、时间、房屋、衣服、食物、禽兽等等重要名词（名物字），写读、跑跳、观看、计数、坐立等等动词（云谓字），力避旧读本有“父”无“母”，有“手”无“足”，有“椅”无“桌”，有“衣”无“裤”之弊。除此之外，并随课附加发音、抄写、填字、文法等练习。

第二册所授者，小范围之美国城市生活也，如街路、方向、轮船、火车、电车、汽车、店铺、银行、货币、公园、医院、游艺、火警、小菜场、图书馆、飞行场等。附加之故事，皆极浅易。附加之练习，较上册略深。

第三册所授者，范围较广之国外生活也，而尤注重英国。所以然者，预备学生将来出洋，或研究历史、地理、商业或科学之用也。其中练习较第二册多系统性，少机械性。教材包括重要城邑（如伦敦）及其交通，英国人之家庭，英国人见客、拜客、请客之礼节，英国之币制与度量衡，英国之宗教、婚丧、出产、商业、邮电、英国学校、海陆军、职业、天气、纪念日。简言之，即国外之风俗人情也。书中练习偏重文法造句。

第四册因中学学制变更，现已消灭矣。当时所授者，短文短诗也，并附修词学纲要。其性质太深，虽合旧制四年级之用，但不合新制高中一之用。余本有加添新材料，如短剧、短诗、短篇名著等而化成三册（高中用）之意，因人事过繁，未曾实行。但余老矣，何必多事耶？何必多此一举耶？深望后起者，能于最短期间内，继吾志而完成一种两种六册之外国语教本。

三　装钉与销数

《英模》第一册出版不及两月，初版已经告罄。当时商务正在发展之际，能力甚大，故添印易事也。

但此书不论如何多制，不论如何赶制，终属不敷分配——直至一年以前，仍有此种情形。七七事变后，港厂扩大，固有力赶印，但无法赶运。所以申江方面屡用新法复印以应门市。外面疑为盗印版者，误也。余书因某种关系，无人敢盗印之而公然在上海发卖也。

《英模》在最初出版时，不用软面而用硬面，不用纸面而用布面。其时第一次欧战未停，所用之纸虽不及后来之佳，然亦不如今日之劣。最初之封面，只有直线而无花纹。第一次修改后始加用楷梯，共四步，每步暗示一册。后来改成三册，以符初中学制时，不用楷梯而用星点。每一星点暗示一册，故第三册之面有星点三。余至友某君，滑稽家也，见而大笑且言曰："老兄太过分罢。读本既已模特儿（模范二字之译音）了，那册数何必再为明星呢？他们不冲突么？"余初闻之，不知其意，仔细一想，不觉捧腹而笑。

《英模》销路之广，在商务出版之西文教本中，决无胜过之者。其实数究为若干，今已无法查明，惟根据余所得之版税总额计算，则总数必在百万以上。但余未尝"发财"，因取之商务者，全数交与火神，全数投入闸北之言言斋，并且连累许多自吴兴搬来之老家产与老古董。

商务对于繁销之教本，素采一次购稿法，或按月给薪法，不愿依版税计算。《英模》之所以为版税书者，因其分量过重，页数太多之故。余稿交出时，邝君即问曰："密司脱周，你以为每册应得报酬多少？"余曰："我初次售读本稿，自己也不知应得多少报酬。请你与所长斟酌罢。"彼曰："不好，不好。你今天细细计算。明后天再告诉我好了。"次日余告邝君曰："请你对所长说，我每册要五千元，共计二万元。"邝君曰："此数太大，开不出口，况且——况且——况且我晓得所长一定不答应的。……好的，好的……你费的时间，费的心血也太多了。这部书又是我们特定的，并且是很好。我马上去和他商量罢。"

三四日后，邝君满面笑容来告余云："所长说此书极好，他决意要印。二万块钱，公司一时不能付。所长之意——我也同意——最好两不吃亏，采用版税原则。你以为好么？"余答曰："我不知道什么叫做版税，更不知道两不吃亏的意思。"邝君曰："公司排印此书，不要你出钱。你编辑此书，不要公司的钱。将来此书售出一本，公司照定价给你百分之十。倘然销路广，你得的必多。倘然销路小，公司硬硬赔钱。蚀本与你无关，编辑与公司无关——这叫做两不吃亏，这就是版税（Royaity）。现在外国许许多多大出版家及著作人，都喜欢这种办法。麦克米伦公司每年付出的版税超过一百万。英国诗人纪伯灵买的山头，造的大厦，都是版税呀。你以为怎样？"余曰："既然版税是公平的事，我决不反对。”

商务帐务正确，检查严密，对于著作人之版税，毫不作伪，毫不推宕，不若他家之今日不结，明日不销，似乎全然无人负责，全然不顾面子也。一·二八事变，公司全毁，停业多月，余以为版税无着矣。不料复业不及一月，已将一·二八以前未付清之版税一千七百馀元送至吾家。商务之诚实可靠，商务之顾全信用，真可令人佩服！

四　抄袭与译注

《英模》销路极广，同业中皆知之。有爽直抄袭者，亦有暗然仿效者。至于滥用“模范”或改用“标准”或其他类似之字为书名者，更指不胜屈。倘余当日逐一起诉，则法院中每星期必有关于《英模》之讼案一件，而律费亦必在三万元以上。

同业知余书之善售，有来招余编新书者，亦有引余收回商务版权者，更有以《英模》为推销读本之口号者。民国二十三年之夏，发生一极奇之事，值得一记，如下：

某日下午三四时，余往四马路某局代购该局出版之《英语读本》三册（四编）。余正翻阅时，店员告余日：“你不必细看。这书与商务《英模》差不多。”余曰：“是的，我已经看见许多了。……你说差不多，我说相像——至少相像，或者竟能胜过。”店员又曰：“你教过《英模》么？”

余曰:“我自己倒没有教过那种书。”店员半怒半笑曰:“那古怪了。你既然没有教过《英模》，那能知道我们的书胜过《英模》呢？恐怕你和我开玩笑罢。”余曰：“不，不，我不喜和人开玩笑的。我知道你们的书好，因为我自己的编得不好——我是《英模》的编辑人呀。”店员(其时面带彩色)曰：“你真是周先生本人么？”余曰：“我就是他，我就是编《英模》的正身。”店员又曰：“我们从前没有见过。我的言语，请你不要见怪。”余曰：“全无关系，请你不要放在心上。你是一个头等柜员，有推销之才。倘然将来我做书店老板，非把你挖出去不可，哈哈！”

此外尚有一事，亦值得一记，即《英模》首两册有天津李君译成汉文，北平赵君作成注释是也。彼等所得之版税，想不及余所得者之多，兹特开列其名及价格，代作义务广告，代为推销，想李赵两君必不怪我多事也。两君之书名、定价及发行处开列如下：

(甲)《英语模范读本自修书》，李农笙编，杨雨人校订。

第一册定价六角，第二册定价八角。天津久大书局出版。

(乙)《英语模范读本单字成语释义表》，赵承孝编注。

第一册定价一角二分，第二册定价一角六分，北平英文学社印行。

某某两律师，谓此种不得著作人同意之翻译与释义，不合出版法，余可提起诉讼也。但余至今未曾实行，非无力也，亦非无暇也，实因国家多故也。且中国人常常翻译外国人之著作，盗印外国人之书本，彼辈亦因种种关系，不来干涉。余为区区《英模》，何必与本国亲爱之同胞相争耶？

最末，外国人亦知余《英模》之名。美国教育界亦知余书之畅销。纽约《独立周报》称《英模》编者，每年可得版税约计美金五万（！）元，其捧我未免过度，但非羡慕，亦非嫉妒也。

三十一年九月二十九日

我与商务

我最初看见商务印书，最初步入它的发行所，在清光绪三十三年（公历一九〇七年）的（阴历）七月。那时吴兴闹学，我失去“馆地”（教员职），一时找不到新的，故而来申求学，作进一步的研究。我意欲投考南洋（即后来的交大），因为我的算学太差，恐怕不及格，所以改考复旦。有一天考罢归来，家兄问我道：“你要不要到商务去看看？”我答道：“好，好，我想去买几本新书。”

我们兄弟两人，寄居在后马路的湖州旅馆，叫做谦泰栈的。我们向南走，经过画锦里——不多几步，即抵达目的地。我一进门，马上就看见一件奇物——高高悬于天花板之下，拍拍拍的旋转不已，粗粗看它，似分二片，仔细再看，似为四片，我已经读过物理学，知道它是借电力推行的，不过我不知道它的名称，也不知道它的作用。我自己想道：“我不管了，姑且让我冒险地站在它下面试一试罢。”我觉得“清风徐来”，额上的汗马上就消灭了。……我料想诸君已经猜到那件“奇物”的名称了罢——电扇（电风扇）。后来全市通行，全国通行，当时吴兴没有，上海也少，所以我见了不认识。商务采用机械总较他人为先。我再举一例：自动电话。商务闸北全厂装置自动电话，远在旧英法两租界“第一区”装置自动电话之前。

我讲了半天商务的电扇，还没有提到它当时的地点。我在上文已经说过“……向南走，经过画锦里——不多几步，即抵达目的地”。那个地点，就是福州路，山西路转角，也就是现在华美药房所在之处，也就是最初聚丰园所在之处。那个地点，是商务的临时发行所。它正式的发行所，就是河南路现在的发行所，当时正在建筑中。

商务印书馆成立于清光绪二十二年（公历一八九六年）。在我没有见它本身之前，它的出品早已到了我们的吴兴了——什么国文教科书呀，什么地理历史呀，什么物理化学呀，什么《吟边燕语》呀，什么《英华字典》呀，什么《华美初阶》《进阶》呀。我最爱好的，我视为最有实用的，是那本《英华字典》。其次则为《初阶》和《进阶》。我在教会学校念了好多年英语，后来又在本城及乡镇中教初级英语，总觉得西洋原本，不宜作初学外国语者的课本，又觉得初学外国语者，非自己有一册可靠的字典，随时翻查不可。当时商务出版的《英华字典》和《初阶》《进阶》，虽不得称为尽美，译文甚为明白，有功于初学者非浅。我很佩服商务，曾经暗暗发一誓道："他日倘我所学有成，定当为商务服务，定当为它编一部完备的字典或外国语教本。"我于民国四年一月进商务，为它编了三十多册书。我真的达到了我的目的。

商务在福州路聚丰园址的时代，即我初次亲见它的时候，依比较言，已经发达了。它最初在江西路某弄中，专为他人印零件，资本不过四五千元。那个四马路时代的资本，究竟多少，我不知道，大概总在二十万元以上。到了民国二年（公历一九一三年），始由二十万变成五十万。后来又增资多次，至五百万元。当时（约民国十四年）白米之价，每石至多十元。五百万元可以购买白米五十万石。倘依现在黑市米价计算——每石二千四百元——那末五百万元等于十二万万元！真的不小了！商务股票，每股百元。现在的市价是五千元以上。其实还太小，应该为二万四千元。

商务的发起人，共有三位。一位是夏先生，两位是鲍先生。夏先生名瑞芳，我曾经见过。我会见他的那一天，就是他遇难之日。那一天我到闸北宝山路编译所去拜访邝耀西（富灼）博士。邝博士和我谈话之际，却巧夏先生从里面跑出来。他与邝博士打招呼，邝博士就用英语为我们作介绍。大约一小时后，我雇了车又到河南路发行所来购书。那时大门口有许多闲人，又有几个中西巡捕（警察），我大胆地跑进大门，耳中听得“夏先生中了枪。中了枪了”。后来我晓得他当胸中了一枪，死了。（民国三年一月十日，时年四十三岁。）

夏先生任商务总经理，共计十七年。他为人宽宏大量，商务同人个个都赞成他。年幼的时候，他肄业于清心堂，后又入同仁医院学医。十八岁后，始入《文汇报》馆习排字。学成，入《字林西报》馆，美华书馆为排字领袖。光绪二十二年，他与两位鲍先生，自营印刷业，创设商务印书馆。光绪二十四年（戊戌）我国倡言维新，学子竞译日本书，以期启发国人。夏先生亲赴日本，有所得，即仿效。又必请通人抉择，再四订正而后印行。光绪二十六年“拳匪之乱”平定后，我国复行新政。夏先生以为教育最重小学，特设编译所，编订教科书，延海盐张菊生（元济）先生为所长。自此之后，直至八一三止，商馆共出辞典、教科书、参考书、杂志、小说等等，约计二万种左右。

夏先生除了办商务外，还注意社会公益。他在本城（青浦）创设小学，又为清心建造校舍，又资助孤儿院。他的事迹，决非我在本篇中所能尽述。他日有暇，我当写一本数万字的小册子。

其他两位发起人，一位是大鲍先生，名咸恩，一位是二鲍先生名咸昌。大鲍先生咸恩，我似乎没有见过。

二鲍先生住的地方，离我家很近。我们几几乎每天见面。他很优待我。他知道我编的书容易销，所以十分瞧得起我。现在商务的总经理，鲍庆林先生，就是他的“大郎”（日本语，作“长子”解）。大鲍二鲍两先生，都当过总经理。商务旧时的总经理，还有印有模、高凤池、王显华等先生。

在过去最盛之时，商务印书馆的主要工作部分有三：（一）编译所，（二）印刷所，（三）发行所。它们的上面，有董事会和总务处。除了上海的印刷所外，北京、香港还有印刷厂。除了上海的发行所外，各省还有支店。上海的发行所在河南路，印刷所和编译所则在闸北宝山路。闸北的印刷编译两所，及附属性的俱乐部、图书馆，都毁于一·二八事变中。河南路的发行所依旧存在。董会、总处、三所、分厂、支店等的组织及管理，都有很详明的章则。商馆于民国二十四年九月曾经辑印一本册子，叫做《商务印书馆规则汇编》（非卖品，共一九六页）。那本册子，除总管理处组织系统表及主管人员录外，共载章则七十馀种。另外还有一种册子，叫做《商务印书馆同人服务待遇规则汇编》（非卖品，共一五九页），辑印于二十三年五月，共载章则三十馀种。倘然我们把这两本册子，细细地阅读，那末商务组织的健全，管理的周密及发展的原因，都可一一推想而得。我从民国四年进商务服务，到现在几几乎三十年了。我说“几几乎”，因为我曾经离去过数年。我虽然在商务服务很久，但是对于印刷发行的情形，不甚明白。我所知道的，大概皆在编译所方面。我现在把编译所的组织在下面约略提一提：

编译所的主管者，称做所长。我进编译所的时候，还是张老先生当所长，后来的所长是高先生、王先生。编译所分工办事，有下面各部：（一）国文部，（二）哲学教育部，（三）数学部，（四）生物学部，（五）百科全书部，（六）华英字典部，（七）出版部，（八）英文部，（九）史地部，（十）理化部，（十一）辞源部，（十二）（十三）杂志部，（十四）事务部等等。编译所的定期刊物有（一）《东方杂志》，（二）《教育杂志》，（三）《妇女杂志》，（四）《小说月报》，（五）《小说世界》，（六）《儿童世界》，《七）《英文杂志》，（八）《英语周刊》，（九）《科学》，及其他。常川在所工作的编译员，约三百人，馆外编辑，尚不在内。

编译所自从光绪二十九年正月起，至民国十九年十一月止——前后二十八年——共计进用编译员一千三百六十二人。其中有日本人四人：（一）长尾槙太郎，号雨山，（二）中岛端，号复堂，（三）大田政德，号毋山，（四）加藤驹驹，号鲭溪。

当此二十八年中，商编进用东西留学归国者七十五人，内法国毕业者二人，英国毕业者三人，美国毕业者十八人，日本毕业者四十九人，国名不详者三人。现在国民政府教育部部长李圣五先生（英国毕业）也是工作人员之一。他当过《东方杂志》的主编，也当过编审部的部长。民十左右，薪水最大者，每月银三百两（邝富灼）；最小者，每月四元（胡愈之）。民十后商务曾经“玩”过电影。当时出的影片倒也不少，倒也到处通行。梅兰芳最早的古装片子，恐怕还是在商务拍的。这件事情，我想大家已经忘记了。

三十三年三月一日

我的康有为

近来在定期刊物上，常常看见许多名作家，记述康有为的“故事”。我颇觉手痒，也来一篇。不过我所讲的，与他们不同。我所讲的，不完全依赖参考书。其中一部分与我有人对人的直接关系。是故本篇半含传记性，半含轶事性。

我先讲初次和他见面的情形。

那是民国三年罢——我已记不清楚了。吴淞中国公学开秋季（？）运动会，大大招待洋场（租界）名流。我因为在该校当教师，所以也在被邀之列。午后一、二时，我与内子同往，步上月台，见朱少屏先生在车窗中观望。他大喊“好乐，好乐”，并招呼我们道：“来来！到此地来！”

我们进了车，刚想坐下时，朱先生道：“周君，周夫人，我来介绍。那位就是鼎鼎大名，全世皆知的康圣人，康有为先生。”我们先对康先生深深鞠躬，然后徐徐坐定。

我的内人，虽然进过学校，念过好多年书，对于戊戌党人，她不大知道。她暗暗将我一推，又默默问我道："什么空摇会——空摇会？我们是不是去看运动会？坐在朱先生旁边的那个老头子，相貌很滑稽。到底他是什么人？"我道："轻些！你这样没规矩。"说毕后，我即增高我的声音且一本正经地告诉她道："这位老先生是改革大家。他是戊戌年最重要的人物。他姓康，大名叫做有为。他曾经周游天下大小各国。他的学问是顶括括的——经学好，文章也好。你年岁小，程度低，所以一些都不知道。今天偶然遇见这位老先生，你真大幸呀！不过我同康先生也是第一次见面。我也大幸啊。"我讲完之后，康先生与我的内人大大寒暄，问籍贯，问年岁，问有几个孩子……用的是地道广东官话。我想同康先生谈天，但是没有题目。然而不开口似乎不好，故勉强插嘴问道："康先生，近来身体很健？……平常作什么消遣？"

真的，同康先生闲谈确实不容易。他的学问太广博了，经史子集，佛耶教语，声光化电，无所不明，亦无所不通。他著的书有（一）《新学伪经考》，（二）《孔子改制考》，（三）《大同书》，（四）《董子春秋学》，（五）《日本明治变法考》，（六）《俄大彼得变政致强考》，（七）《突厥守旧削弱记》，（八）《波兰分灭记》，（九）《法国革命记》。此外还有"七次上书"。同他讲话，应当用什么题目？

康先生最重要的著作是《新学伪经考》。它的主旨可简述如下：

“新学”是刘歆帮助王莽篡汉之学。“伪经”指《周礼》《逸礼》《左传》及诗之毛传而言。（一）康考称“西汉经学并无所谓古文”者，凡古文皆歆伪作。（二）秦焚书，并未厄及六经。汉十四年博士所传，皆孔门足本。（三）孔子时所用字，皆秦汉间篆书。即以文论，亦绝无今古之目。（四）刘歆欲弥缝其作伪之迹，故校中秘书时，于一切古书，多所羼改。（五）刘歆所以作伪经之故，因欲佐莽篡汉，先谋湮乱孔子之微言大义。康考又称：“凡六经皆孔子所作。昔人言孔子‘述而不作’者误也。孔子盖自立一宗旨，而凭之以进退古人，取去古籍。孔子改制，恒托于古。尧舜，孔子所托也。其人有无不可知；即有，亦至寻常。经典中尧舜之盛德大业，皆孔子理想所构成也。”

即此，已足见康先生学问之深、思想之高了。但他的为人究竟怎样呢？让我先来讲他的家世、教育、“功名”等事：

康先生，原名祖诒（亦作祖彝），字广厦，号长素，广东南海人。他是赞修之孙，达初之子，雄飞之侄。他的父亲早卒。最初教他念书的，是他的祖父。他七岁就能做文章。到了十八岁，他从朱次琦为师。次琦深于经术，以经世致用为主。康先生应试乙未（清光绪二十一年，即公历一八九五年），得进士，授职工部主事。自是四年之间凡七上书，皆言变法自强，其题目为（一）立制度，（二）新政局，（三）练民兵，（四）开铁路，（五）借外债。他在未通籍以前（光绪十七年辛卯），设学黉——万木草堂——于长兴里。它的学纲有四：（一）志于道，（二）据于德，（三）依于仁，（四）游于艺。他的学目亦有四：（一）义理之学，（二）考据之学，（三）经世之学，（四）文章之学。此外另有：（一）演说，（二）札记（行于校内），（三）体操，（四）游历（行于校外）。当时听讲而后来成大名的弟于是梁任公（启超）。康先生成进士后，住北京上斜街，仍用“万木草堂”四字称他的屋子。他又设强学会，开保国会。王伯恭（锡鬯）在他著的《蜷庐笔记》中云：“……虚声所播，圣主（即德宗）亦颇闻之，将为不次之擢。常熟（即翁同龢）窃窥上意，因具折力保，谓‘康有为之才，实胜臣十倍’。既又虑其人他日或有越轨，乃又加‘人之心术，能否初终异辙，臣亦未敢深知’等语”。惟据光绪二十四年四月七日《翁文恭日记》自记，则王氏云云，全非事实。翁记照录如下：

上命索有为所进书。臣对：与康不往来。上问：何也？对：以此人居心叵测。曰：前此何以不说？对：近见其《孔子改制考》知之。次日上又问康书，发怒，诘责。臣对：传总署令进上。不允，必欲臣诣张荫桓传知。臣曰：张某日日进见，何不面谕？仍不允。退乃传知张君……

清光绪二十四年四月二十四日，德宗下诏改革旧制。二十八日召见康有为，又以有为言，擢内阁候补侍读杨锐，刑部候补主事刘光第，内阁候补中书林旭，江苏候补知府谭嗣同，均着赏四品卿衔，在军机章京上行走，参预新政事宜。于是废八股，开学堂，汰冗员，广言路。在京中的大臣，各不自安，日夜设法巴结太后，倾倒德宗。等到太后临朝训政——那完了，捕的捕，杀的杀，逃的逃了。杨深秀、谭嗣同、林旭、杨锐、刘光第、康广仁都牺牲了。康圣人亡命海外十六年，遍游十三国，同时纠合中外同志，设立保皇会。叶昌炽在他的《督学庐日记》中云，“闻康梁在长江一带，勾结会匪。其所散之票，一名‘富有’，一名‘贵有’，不啻自写供状矣”（光绪二十六年十月二十八日）。

翁叶两氏对于康圣人，都无好感。先伯父小帆公（讳兆祎）当时供职刑部，对他也无称许之词。我把先伯父当年写与我们两弟兄的信抄出来给大众看：

……四月廿八日皇上召见康有为后，言听

计从，力主变法，而康有为系粤东人，不过一工部主事，性本狂妄，功名心又热。结党数十人，以讲学为名，梁启超其大弟子也。在上海立保国会，被诱入会者已有数百人。来京后，交结言官，干谒当轴，皆其同乡张荫桓（户部侍郎）为之引荐。今春会试，于公事云集之时——其初次开堂讲学，即在南海会馆，听讲者三百数十人。许应骙（广东人，礼部尚书）恐其闹事，当即驱逐。二次开讲，移在嵩云草堂，听讲之人尚二百有馀，又被潘庆澜（监察御史）劾逐。讵意康有为正各处辞行之时，而徐致靖（翰林院侍读学士）已荐章早上矣！召对之下，竟敢蛊惑君心。由是私进内廷，汲引同党，鬼计百出，逆谋渐成。所最可恨者，兵围颐和园，劫制皇太后，与改国号，易夷服，于八月初八日与十三日次第举行，已有定议矣。若非事机暗泄，皇太后回銮亲政，则此日之京城，其被祸之酷，可不言而喻。现除正法者六人，发新疆者二人，永远监禁者一人，内监刑毙者四人外，而首逆康有为，从逆梁启超，俱尚在逃，传闻潜匿外洋。虽庇匪有人，勾捕不易，而一身作孽，株累多人，想天网必不令终漏也。前此裁衙门，裁官缺，以及废八股，设立大小学堂，皆非朝廷本意。今诸事复旧，考试仍用四书文，均已明奉谕旨。从此当各理旧业以图进取……

康先生的品行好不好，心地好不好，现在时过境迁，我们不必再多说了。他的文章，他的经济（古义），我在上文已经约略提过了。他的书法，我还没有说起，请阅下文。

康先生对于书法，曾经下过苦工，所以极精极雅。他在未成进士以前，偶游厂肆，得汉魏六朝唐宋碑板数百种，从容玩习，学成了富多古代风的体裁。前几天我在古董铺里购得他的亲笔便条两纸，都是写给“陶公”的。“陶公”是尊称，受信人实在是广东人，姓郑，名官应，号陶斋，嗜作诗文，著有《盛世危言》（续），清末民初曾任上海招商局总办多年。我今把康先生致郑陶斋的两个便条影印出来，以见他书法之美：

（一）此便条（见图一）中所说之“图”，不知为何种形状。惜康先生没有把全名写出来！受信人郑陶斋患咳病，终年不断——这是友人告诉我的。出信人签名“有为”二字，甚不易读。

（二）此便条（见图二）上出信人不具名，但一见即知为康先生的笔墨。任公就是梁启超；他的老太爷号莲涧，我看了此条才知道。郑陶斋的联，想必不甚“佳”，也不甚“巧”；所以康先生一方面称赞他，另一方面暗暗劝他不要送。

最末，我再讲一个我和康先生对话的故事：

除民三在火车中和康先生交谈外，我在民九、十时又曾见他一次，地点在浙江杭州。

那是更加奇巧了，更加突然了。我同二三友人共游西湖。我们不顾“三七二十一”地东闯西闯，不论庙宇或别墅，都要进去。

一日下午，我们在某山上——其名已忘——见一所半新半旧，很精致的小洋房。我们不知道那就是康先生的别墅。它的长玻璃窗门是关的。我捏持了引手推了几推，又在玻璃上敲了数响。里面高声问道：“那一个？那个打门？”我先不声不响地站在门外，后又推了几推。那里面的人似乎有些儿发火了，就大步而来开门。他面貌上好像要责备我们——他就是康圣人呀！他见了我，迟迟疑疑地说道：“面很熟，很熟。你是那一位？”我呆住了……但是马上想到六七年前火车上的事，就此深深一鞠躬，口称：“康先生，多年不见了。我知道你在此，所以专程奉访。康先生，你身体好么？我们在上海见过好多次呀！你不老，你真不老啊？”他道：“好，好。请进来坐。你的朋友也进来——来，来！倒茶。”

三十二年六月二十日

伍廷芳

伍廷芳是清末民初的官员，并且是上海洋场的闻人（绅士）。他很和气，瘦瘦的脸，不高不低的身材，冬天喜穿背心，戴瓜皮帽——远远望去，好像是小叫天（谭鑫培）。其实他是一位大员，他是伍先生。他好讲闲话。我听到他的演说，总在五次以上。一次在他的公馆里——戈登路二号。但是我因为年纪小，资格浅，始终不敢同他谈天，他的性情脾气我一点都不知道，并且他演讲的话，我已经完全忘记了。不过他面貌和形相，深深地留在我脑中。

瘦黄的脸孔，一字襟的背心，圆头厚底的缎鞋，瓜瓣形的小帽，加附居中的真珠或宝石——那是清末大员最时髦的便服——少年派，贝子派。伍先生曾经在美国留学，又在香港当律师，为什么不穿西服呢？当时是清朝呀！ 留学生归国之后，去做官的不必说了，就是不去做官，也要把辫发留起来。否则一般人“侧目而视”，不称他为革党，就笑他为洋奴。人总要面子的。谁肯做洋奴？人总要性命的，谁肯在严捕革党之时而做革命党？伍先生是聪明人，深知自轻自贱，不如自尊自重，所以回到本国，就改穿本国最华贵的服装。

伍先生演讲的时候，常用国语，略带几个英国字。他的发音，不论英语国语，总有几分广调。他讲起话来很慢。近人沃丘仲子在《当代名人小传》中，称他“语言支离”。实则不然，这都因为伍先生口中说话的时候，心中还在选字的缘故。律师和外交家出言，理应如此慎重。伍先生字斟句酌，讲的话就是文章。他能雄辩，又能写作。他最著名的著作是《美洲》（英文本）。我今翻译一节，给大众看：

> 目下流行的口号，如“美洲是美洲人的美洲”或“澳洲是澳洲人的澳洲”，最不近理，因为现在的美洲人与澳洲人并不是那两洲原本的主人。远东的人倘然大喊：“中国是中国人的中国”或“日本是日本人的日本”，似乎较合情理。关于此点，中美正义联合会秘书苏登（T.S.Sutton）君云：“世界上最愚钝的呼声，莫如‘美洲是美洲人的美洲’或‘中国是中国人的中国’等。那种怪调是贪得、怕惧、妒忌、自私、无智和偏心的表露。凡人凡

自称为人的人，凡为耶教信徒者，凡公正而合理的人不应该，也不能够把类乎此的，且受人轻视的狂吠出之于口。上天造世界，原是为人的。倘然他有偏心，顾虑某一种人，而抛弃另一种人，那末他一定最宠爱中国人了，因为他造中国人较他国人为多的缘故……”（以下是伍先生的断语）苏氏的话，未免过强，但极健全，且无从批驳。（见原书第十一章《中国文化》篇，第一八三、四页，公历一九一四年第三版）

伍先生著作中多滑稽语，兹节译一节如下：

华府各部装有很多的电话机，各部长竟有用电话发命令的。富贵之家，没有不装电话——那更不必提起了。电话的发明，果然是人类的幸福。朋友不必亲身往来，得以谈天。情人可以交换他们甜如蜜而无实质的话。有时，求婚订婚也有利用电话的。但是人们因为总公司把电线误接了，常常受到滋扰，或者因为听得不清楚，发生极大的误会。某日，我的仆人听错了话——或者有人特意开玩笑，也未可知——我吃不成夜饭。我的仆人接得某女士的电话，请我去吃晚餐。我准时而往。到了那边，主人并无请客的举动。我不得已只好忍饥。（见原书六八、六九页）

伍先生的国文也不差。我曾经购得他的便条一纸，兹影印如下：

这便条是写给当时招商局总办郑陶斋（官应）的。他所欲招致之人，是一个谈“道”者。伍先生戒杀茹素，似乎近于释教。惟晚年好谈长生，则又倾向道家。他常对人说：“人食肉，力薄；牛马食草，力强。”——这是西洋菜食主义者的话。

伍先生，字秩庸，广东香山人，少年留学外洋，得法学博士。归国后，在香港当律师。李鸿章闻得他的大名，知道他的大才，请他到北洋去司交涉之事，并且屡次保他——保至道员。后奉使数历欧美。庚子升为侍郎，旋乞病归。辛亥革命，伍先生充南方代表，与北方代表唐绍仪议和。清让位后，国父任他为司法总长，洪宪僭位，伍先生与唐绍仪反对。丁巳（一九一七年）任外交总长，又摄总理。不久，复辟祸起，南北又发生战争，伍先生返沪。后又入粤。任军政府总裁。

伍先生的资格极老，他的历史极长，翁同龢也认识他。《翁文恭日记》中记他的事有三则：

（一）卢庆云极言粤人伍秩庸者熟洋人律，有志气，非征召不至，不应诸侯之聘也。（光绪

六年七月朔日）

（二）添派联芬偕伍廷芳送约。伍随李相在长门，盖哈使谓伍习于倭而并举联以请也。（光绪二十二年十月廿八日）

（三）美国驻使伍廷芳来谈。印花税谓可行。（光绪二十二年十月廿八日）

三十二年七月三日

我所知道的陈独秀

陈独秀就是陈仲甫，也就是吾国在前十馀年中一般人都认为共产党的头目者。

我初识陈独秀，在民国二年癸丑（公历一九一三年）阴历正月中旬，地点：安徽省安庆城内——街名及门牌号数已经忘了，真荒唐呀！那时陈先生身任都督府秘书长，似乎还没有正式加入共产党。不过他同我们闲谈时常常发“公妻共产”的理论。我们以为他讲笑话。我们称他健谈，我们不注重他的理论，也料不到他后来真会做他们的头目。

那位共党头目陈独秀先生，我在安庆最初的一月中，因为我寄宿在他的屋子里，几乎每日必见一次或二次。他与他的夫人（次妻）及他的新生男孩居楼上，我居楼下客房中。那间客房甚为清洁精致，但不是我向他直接租借的，实是应溥泉（时）夫妇免费招待我的。应溥泉先生是我的同乡，又是我苏州高校的同事。那年应先生继独秀先生而为安徽高等学校的教务主任。知道我在苏州富豪家担任教读，虽然薪俸极丰，但终含闲荡性质，多次有急电和快函来催促我到皖省去教授英美文学。回想前情，应先生对我真有好意，真是我的知己呀！应先生已于前岁在西南某地逝世，我因道路遥远，不能亲去一拜，深以为憾。溥泉先生的继独秀先生而为皖高教务主任，不是安徽本省没有人才，实是本省人才不敢应召的缘故，陈独秀先生是被学生赶走的。先是——在清末——先师严几道（复）也是被赶而走的。清末民初，安徽高校的学生真不容易“侍候”，真不容易对付！独秀先生的离去高校，全为学生要求不遂。据说当时他与学生代表最后的对话如下：

学生：“我们非达到目的不可。你答应么？——你答应也好，不答应也好。”

独秀：“我决不答应。”

学生：“你竟不答应！有什么理由？”

独秀：“我不必对你们讲理由。”

学生：“那末，你太野蛮了。”

独秀：“我是野蛮。我已经野蛮多年了，难道你们还不知晓么？”

于是，喊打之声四起，同时，全校电灯熄灭，变成黑暗世界。独秀先生到底是活泼伶俐的革命家，就在此“千钧一发”喊打未打之际，无影无踪地脱离高校而安然抵家了。次日独秀先生辞职，教务由郑某代理，不久郑某辞职而由溥泉继任，暑假前溥泉又辞职返浙，教务由我主任。溥泉先生先留英，后又留德，精于罗马法，曾任法官多年。

我离题了，我当回归本题，继述我所知道的陈独秀先生。

我到安庆的次晨，应先生见他（独秀）下楼赴署办公的时候，即为我作介绍。他长方的脸，不高不低的身子，声音响亮，脚步疾速，一见就知道他是一位多才多识，能说能行的能干人。那日黄昏他归家时，特来与我寒暄。他看了我桌上所有的书，又翻了我手中所读的书之后，即问我道：“周先生，你有没有阅过《江浦儿（即英国人之别名）和他的岛》（John Bull and His Island）一书？”我答道：“没有。”他道：“你快去买来看，很好看的，很滑稽的。”我立即致信上海伊文思书馆，嘱他们向外洋代购一册。后来看了，果然甚妙。那是一本讽刺英国的书，英国所有的风俗人情，皆加以特异之见解。英国人自己也要看，看了也要发笑。著者法国人欧赉尔（Max O' rell）真是一个聪明人呀！

第三日晚上，我睡得很早，大约是九点之后。一瞑醒来，听得唱声大作，伴以胡琴月琴，惟无锣鼓声。我自忖道：“这是什么呀？半夜三更，为什么大弹大唱？难道邻家做寿唱堂会么？”再仔细一听——都是女人声，都是烂污京调。次晨早餐时，溥泉先生默默告我道：“昨天夜里，他（指独秀）请客，唱的都是班子（妓院）中唤来的妓女。你被他们扰醒么？他问起你的，想请你去一同喝酒。他说你今天既然睡了，不必唤你起来。过一二天要请你去吃花酒。”

数天之后，独秀先生真的请我去吃花酒，并且代我征了鸣谐班一个姑娘（妓女）名叫金兰的。后来课馀之暇，我和应先生及督府几位秘书常去跑跑（打茶会，亦称“开盘子”）。有一天晚上，我们在班子里闹了一个大笑话——不，不，我们上了一个大当。让我在下段中写给大众看：

那天午后，有五六个士兵到鸣谐班来“揩油”（打白茶会），要长要短，东张西望，全然不遵守“规矩”。管“茶壶”者（乌龟）的言语也不客气，冒犯了他们。他们本要来寻事的，现在眼见“茶壶”无礼，他们得到机会了，从此大叫大骂，动手动脚，想要打人掼物。“茶壶”大怒，把大门一关，说要和他们拼命，先剥他们的皮（制服），再押到司令部去。……那几个士兵慌了，再三讨饶。“茶壶”然后得意地将他们放走。

当晚那几个士兵约了许许多多弟兄来报仇的时候，我们正在里面同姑娘们开玩笑。外面的闹声一些听不见。……忽然之间，电灯全熄……鸨老爷、鸨太太手持洋烛进来道："老爷们，快去，快去！姑娘，你快快带他们到隔壁班子里去。柴已搬开了，窗已打开了，跳过去，窗槛不高，很容易跳。对不起，对不起。赶快，赶快！我们实在对你们不起。——没法呀——我们的大门就要坏了，就要倒了。"我们在半明半暗中跟了姑娘们静静地从楼下旁边一扇窗门中越槛而抵邻家。姑娘道："你们上海人没有碰到过这样的事罢，不要紧的，你们不要怕！"我们问道："到底什么事？还是士兵要打乌龟呢？还是乌龟要打士兵？"她答道："士兵来报仇，要进来打乌龟。乌龟关了前后门，尽力抵抗。士兵扛了大石，攻打大门。乌龟爬上了屋，把石灰和烫水倒下去——你们不要怕！——他们那里吃得住呢？立刻要跑的，立刻要逃走。就是打进了大门，我们的几把'茶壶'，还要'掼乌龟'。"我问道："什么叫做'掼乌龟'？"她答道："那是这样的，你听我讲：我们四个人，先把他们一个的双臂双腿擒住了，然后将他的背脊在地上重重地碰——一次二次继续不断。那人痛不可言，非大叫救命，大大讨饶不可。但是他不会死的，或者伤了，因为是内伤，也看不出，验不出……"

我又离题了，请阅众原谅。下面继续讲陈独秀与我的关系：

独秀先生与我实在相交不深，下一学期，我本拟留申不去皖校，后来连接马校长通伯（其昶）急电，我不得已登程前往。其时柏都督已经离皖，倪都督已经上任。同时陈独秀被拘被禁在芜湖，几乎丧命。我因与柏陈两公均有关系，所以怕去。不过马校长是一个忠厚长者，并且对我很客气——他是桐城派古文名家。我又因为上学期有许许多多要事未了，故不敢多推托，立即冒险赴皖。

我一到皖校，马校长即对我说道："前几天我是要你来开学的。今天我改变了，要你来关门，料理后事。我们不能再开学了。倪都督昨天对我说道：'皖省各校校风不良，今后一律停办。'我回说道：'高校经费不缺，各生齐到，似乎不必停办，且难于停办。'都督道：'停办最容易。你不能停办，我能代你停办。我把大炮架在城墙上，不必射发，他们（指教师与学生）自己会跑的。'你想我们的高校还可以不停办么？请你赶快将各事了结，再休息几天，回上海罢。此地不安全啊！你到动身的时候，请你来到我这里一趟。我有要件——一部校正的文集——托你带申。"

我似乎又离题了，其实不然，我所说的都暗暗与独秀先生有关。独秀先生后来北上，做北大的教务长，又编辑《新青年》杂志。他的名誉一天一天地增大，同时一般人都知道他加入共产党。我在申或做教师或当编辑，对于共产主义全然不感兴趣；对于所谓新文学者，亦视为"势所必然"的改革。所以没有同他通信，也没有机会见他。直至他来申“指导”社运，与我所担任系长的上海大学发生关系时，我始与他通信，通电话。后来——年月已忘——在欢迎英国哲学家罗素（Russell）席上，曾经遇过一次。那时他老了，头发几乎全白了，耳朵已有点重听了。他见了我，似乎有些不认识，经我自己介绍自报姓名后，他忽然大唔，与我握手共坐，略谈往事。

写至此，我又想到一事，即当年直接发生于独秀先生家中者。某晚，我从高校步行回“家”时，见门前马轿甚多。问管门人，知柏都督在内。我静静地走入卧室。坐定不久，应溥泉夫人即来道：“周先生，请你到楼上去同都督打牌。他们三缺一——应时已经到楼上去了。”我说：“应嫂嫂，我不敢同都督打牌。”她说：“有什么要紧呢？他们官虽大，牌是不大的。你去好了，省得陈先生再派人来请。”……后来结帐，都督独赢，约五十元。我们三人个个都输。柏都督打牌，不怕输钱，只怕不和“对对和”。那天晚上他一共和了三副对对和，所以欢乐之至，把所赢的钱，统统赏给仆婢了。独秀先生于一·二八后被共党开除党籍，八一三前被拘禁在南京，前岁客死西南某省。独秀先生少怀大志，从事革命，精于文学，嗜谈哲理——他是吾国近代畸人之一。

三十二年七月十五日

初恋的我

人生第一次认识一位异性而衷心诚服地喜好他或她——这叫做初恋。在我幼小的时候，我们吴兴城里尚不十分“开通”，青年男女，除兄妹姊弟外，全不同游共步，罕有见面的机会。但是碰到婚丧大事，亲戚朋友集合之际，我们也可以遇见别姓异性的人。我们当时的初恋，大概发生于这种情况之下。我的初恋，就是如此。让我在下面讲给诸君听：

我的初恋，分（一）受恋与（二）赐恋两事。我受恋的那位小姐姓水，长我两岁，虽非近邻，然离吾家极近。我赐恋的那位小姐姓草，幼我两岁，住所在南门，离吾家甚远。两位小姐，都是我谱兄的妹妹。

我先讲受恋的经过：

那位水小姐，因为我与她的三哥哥有谱弟兄的关系，见面的机会很多。她第一次和我并立而轻轻地谈话，似乎是在她母亲病危之时。她声音很低，所说的不全是吴兴话——一半是苏州话。她的身材，不长不短。她的脸是圆圆的，肤是白白的。可惜她的眼太细，鼻太扁，口太阔，齿不齐整——真是美中不足。她走路时无不疾行，且无不低首……

自从那日第一次谈话之后，我一到她家中，她总出来眉开眼笑地招待我。……如是者经过约半年。当此半年中，我正忙于工作，预备考秀才。白天到学校学英语，习科学，夜间在家中读策论，写经义。那一年我十九岁（清光绪廿九年，即公历一九〇三年）。这样忙，那里想得到男女之私呢？刚近中秋的某一日，老表兄陈某来见我母亲，约略寒暄之后，就说道："越弟年岁已大，他的工课又这样好，应该定亲（订婚）了。"我的母亲道："是的，没有好小姐呀！你有么？"表兄道："啊呀！怎么没有？远在天边，近在咫尺。水三先生的妹妹六小姐，岂不好么？"母亲答道："水家三少爷与二儿是拜帖子的弟兄。他们的六小姐，我也见过，相貌极佳。不过二儿一无成就，去年考秀才还是失败。恐怕他们不肯给我们罢！"表兄道："他们一定肯的，一定肯的——我敢保险。哈哈，不瞒你说，他们的小姐已经看中你们的少爷了。只要你答应，那件事没有不成功的。"母亲道："那好极了。今天晚上，让我问一问越然（当时作"月船"二字），倘然他真的愿意，我们再进行，好不好？"

那天晚上，我的母亲问我道：“你的三谱兄，水家的，这几天怎样？你天天到他那边去么？你看他的妹妹六小姐好不好？”我反问道：“母亲！这是什么意思？”母亲道：“有人今天特地来为你做媒。六小姐已经看中了你，想嫁给你。倘然你要的，我们马上进行。两天之内，要给我回音。小姐很好看，他们又是世家，我很有意。”我立即答道：“噢，原来如此！母亲，你倘然有意，你娶她好了。我没有意思。我不要她。”母亲道：“你不要？什么理由？”我道：“六小姐目中多水，脚步轻浮，不是好相，我决定不要。”母亲道：“去年那个我所不要的草三小姐，比她好么？”我道：“两个人岂得同日而语？草家的非独面目美些，并且能书能算……”

现在我略述能书能算的草小姐，即我前一年所赐恋者：

我初识草小姐，在她长兄做生日的那一天。我的谱兄是她的二兄。那天晚上，堂会（变戏法）正在进行之时，她的二兄带我到内厅上去，先见他们的母亲和嫂嫂，顺便招呼“妹妹”出来和我见见面。我的谱兄带我进内厅，想是有意的，不是偶然的。他们有意择婿，叫我进去细看我的相貌，同时把他们的美女使我一面，使我终身不忘。这是现在的回想，不知是不是。

他们的那个“妹妹”，真是一个美女呀！眉清目秀，唇红齿白，衣饰入时，步态端庄——我一见就呆住了，几几乎连作揖都忘记了。好得有谱兄指导，叫我称她一声“妹妹”，叫她称我一声“二哥”——未曾做成十三点（发痴）。

那天以后，我几几乎每日下午散课后，总想到草家去看我的谱兄。谱兄在家时，我们讲讲时事，谈谈科学，觉得甚有趣味。倘然谱兄不在家，倘然他的妹妹出来笑嘻嘻地告诉我：“二哥出去了”或者“二哥还没有回来”，我觉得比科学，比时事更觉得有味。所以后来我特意拣她二兄不在家的时候去拜访她的二兄。我的目的，无非要见她一面，听她一语。我们很规规矩矩的，不彼此近身，不眉来眼去。在这种情况下过了四五个月之后，她的二哥向我的大哥开口了：那就是说，他愿意把他妹妹嫁给我做妻子。我的母亲听到我大哥的禀告，也很赞成。第二天母亲就求人去草家请小姐的八字，第三天就亲自到那个缺鼻头盲子先生处问卜。母亲回家后，面上全无喜色。起初她不作声，后来徐徐说道：“草家的小姐娶不得。缺鼻头讲得很明白，很清楚。他说那位小姐虽然极美，但不长寿，将来定必因产而死（真奇怪！后来果然如此）。他又说那位小姐性情粗暴，在家打爷打娘，嫁后骂公骂婆（此不确实，草小姐实在和气）。我们不要她。明天就请人退八字。”……我气极了。天未全黑，已经上了床了，并且——请诸君看了下文之后不要笑我。当时我也是一个十八岁的孩子，现在我果然是六十岁的老头子了——暗暗地，偷偷地流泪，流了半夜泪。

我第二天起身较迟。母亲见我的眼皮肿了，对我说道："你哭了一夜，是不是？男子汉，大丈夫，何必如此呢？她不是你的妻，也不是你的妾。她是你的甚么人？你何必哭？事体还没有成功，你已经这样，讨（娶）进门，倘然因产而亡，你肯和她一同死么？好好儿读书用功，明年进秀才，后年中举人，怕没有贤的美的有福有寿的妻么？在我身上，保你得一个较好之妻就是了。快去念书。"

我果然勤奋地念书——草家也不敢去了。二十岁春夏之交，我果然入泮（进秀才）。不过第二年没有考举人的机会，所以我没有中举人。同时我深信时局已经变了：举人进士实在不及科学、算学之有用。因此我日夜修学，非独不注重功名，并且不注重婚姻。但是别人（亲戚朋友）因为我已经入泮，又因为我深通（？）外国文，每月总有几个来做媒。我完全不管。赵钱孙李，这家那家的小姐，母亲讲给我听的时候，我一声也不响——不赞成，不反对。那时我馀怒未息，我自己想道："让她去拣罢，让她去替儿子娶媳妇罢！"

那年秋冬之交，母亲为我定了亲。定亲的是汪小姐，面貌不恶，脾气极好，就是现在那位五十八岁的"老太太"——我的妻，她身体甚健，没有"因产而亡"。我们现在（今年）一共有两个儿子，两个儿媳，四个女儿，三个女婿，六个孙男，三个孙女。照此一点讲，吾妻真的比草小姐水小姐福气大了——据说，水小姐也一无所出，不过我的妻不是我初恋的结果。

或者问道："不因初恋而结成的夫妇，是不是没有真爱？"这个问题太宽太大，我不敢答，但是我有一个很偏的议论，清末在报纸上看到的，现在简述于下：

发此议论者，不是中国人，好像是一个欧洲人。他曾经比较中西婚俗而在报纸上发表道："婚姻好比一锅水，一只炉。西洋人结婚的时候，那一锅水已经烧到沸点了。我国人结婚的时候（越案：指旧时之人而言），炉中之火还没生好。所以西方新婚夫妇，感情很热烈，后来一天一天地冷淡下去。中国新婚夫妇，彼此不相识，后来一天一天地狂爱起来。"照这样讲，我与吾妻两人间现在的爱情，当然与西洋新婚者相等的了。

三十三年二月二十四日

惟酒无量

明李澄中在《觞政》（单刻本）序文中云：“惟酒量不及乱，圣于酒者也。”可知酒固可饮，惟不宜过量也。余能饮而不常饮，喜酒而不贪酒。四十年来，所饮之酒，总在三千斤以上，而所闹所闻笑话亦不少，今爽然述之如后：

余幼时大醉，计有三次。第一次在清光绪丙申（一八九六年），即族祖某公结婚之时，亦即遇见大革命家姚勇忱先生之日也。此事已见《辛亥革命》篇，兹不赘述焉。

第二次大醉，在光绪庚子（一九〇〇年），时余十六岁也。湖俗以十六岁为成丁之年，凡为父母者，不论贫富，必为其子供星官，点蜡烛——即做生日。余之生日在重九之后，有蟹有菊，有酒有菜——亲族之外，又有朋友，余大乐而大嚼大饮，不觉大醉而卧。夜间醒来，腹膨胀而似欲吐，但恐惊动先母，不敢作声。次晨依然不适，且头昏愈甚，不能起身。先母来问，假称有病，不敢以实情禀告。第三日熬无可熬，忍不能忍，只得勉强出床。不料脚一动，头一眩，呃呃几声，满房立成最恶臭之“坑”矣！先母闻声而至，一见即知真情，向我一视即言曰：“我以为你真的病了，原来是酒醉不醒。为什么昨天不讲呢？面色这样灰白，还不上床去睡么？……饮酒要有真量——饮酒不可过量。以后饮酒要自己小心……臭，臭！阿三（婢名）快些来扫地，带些灰来。”

第三次大醉，在进秀才后之第二月。其时天气已热，缙绅（？）家之子弟（新鲜秀才当然包括在内），每日自三时起常往薰风阁饮茶纳凉。家资较厚者继以酒饭。是晚余大饮大醉，东道主何人，已忘之矣。归来时，有小“弟兄”数人陪伴，即在大厅天井中共作“游艺”——跳桌，跳凳，跳高，跳远，无所不为。后又在近处大街小巷中尽力赛跑。次晨城中忽然发生一种谣言，谓“昨夜有阴兵到达，大家小户都听得他们的脚步。西门的响声最大，直到三更后始渐渐静止。今年夏季恐防有瘟疫罢。我们不可不小心谨慎呀！”其实彼等所闻者，青年之赛跑，不是阴兵之脚步，酒鬼之瞎闹，不是死鬼之出现也。倘当夜有胆大者启门而视，决可免去惊恐，决不发生误会。是年夏秋两季，全无所谓痧症也者，否则余等真为瘟神矣。

嗜饮酒者，与嗜鸦片者不同，往往自称量大。虽开始之时有作谦恭语者，但醺醺之后，无不多言，无不“鼠牛比”。此类前恭后倨者口讷讷而告人曰：“某人一碰即醉……某人某人都不及我……某人某人更不必提了……我有几斤酒量？你猜！猜着！……差不多，差不多……我不醉，我还可以吃。我从来没有大醉过……”余于饮酒时亦喜夸口，五年前某会举行聚餐时，到者七十二人，余发言曰：“我有不醉之量，倘诸位不信，每人可各敬（？）我一杯。”语甫毕，即有身体高大者，西装整齐者，手持大玻璃杯而来曰：“我敬你一杯。”余曰：“那有这样便当？多少总要有些条件，非先讲明不可。譬如说：（一）我们两人各照一杯且以一杯为限，或（二）我们两人分饮一大杯，亦以一杯为限。或（三）我们均分此杯为四小杯，猜拳四次，负者饮。”

当时旁观者齐声插口曰：“某君，你不十分吃酒，不可与他比量的，还是照第三个办法好——分四次豁拳罢。”于是吾二人猜拳，余胜三次，负一次，故只饮一杯。

此君酒毕之后，另外又来一人曰：“周先生，我的酒量不好，只能饮两小杯。不过喜欢豁拳，我们来试一试，好么？”余曰：“好极，好极！请你先把能吃的两杯吃了，我们再开始豁拳。以后我输我吃，你输不必再吃。”彼曰：“不好，不好！我喜欢先豁后吃。”余曰：“先豁后吃，是正当的道理。不过在你呢，还是先吃的可靠……”

隔桌旁听者大喊曰："好了，好了！不必献丑了。你量既不大，拳又不好，不如回来吃菜罢。"

后来同桌之人，请我打通关，每人三拳，每拳一杯。余略负，饮十五杯。余前后共饮，不到二十杯，所以未曾酩酊。但余之"鼠牛"，到会者皆认为事实，而余之酒名因此大著。但酒徒夸口，有极狂者，请阅下述之事。

宾主十人，内特客二皆著名善饮者，河南籍，叔侄也。设宴之地点在上海三马路福州菜馆，其时间为民国二十二年春季之某夕。主客皆印刷界人。

主人善饮，且知客能饮，故先备老牌三星白兰地（brandy）六瓶。不料冷盆将毕之时，特客二人已饮三瓶，其余三瓶，即主人与陪宾共饮者，亦将尽矣。主人不得已再添四瓶——又添四瓶——更添四瓶，共十八瓶，而特客仍无酒意。主人高声大喊添酒时，茶房来禀云："现在十一下钟，洋酒铺已经闭门了。不过我们店内有顶上陈酒一坛——五十斤，不知老爷们要喝么？"特客曰："好，好。我们家乡地方缺少黄酒。今天有机会，让我们试一试。"据云，此一坛黄酒，叔侄二人在一小时内尽之，他人所饮者，至多十分之一耳。次晨，此二特客，一早起身，全无病酒之态。

述此故事者，福建人，现任内地某银行要职，称彼系参加者之一，曾亲经其事云。但余终不信世间有此巨量之人，终以为"鼠牛"也。惟酒徒确有"海"量者，如下面故事中之孙教谕是也：

前清沈巡抚，嗜酒而量大，生平以求不到伴饮之友为苦。一晚独酌时对家仆曰："你到外边去打听本省那一位最善饮酒——不管是官员或是绅士。"二日后，仆人来禀云："本地府学孙教谕最能饮酒。听他们说他是有不醉之量的。"巡抚曰："喔，好！过一天我下帖去请他。"

孙教谕被请后，虽是举人出身，因官职关系，仍称主人为"大人"而自称"卑职"。沈巡抚曰："兄弟这几天闲得很，一点公事都没有。听说你老兄有不醉之量，我们今天来比一比好么？哈哈。"教谕曰："卑职不敢。"巡抚曰："不要客气。我们摆开了官，来作酒友罢。我们往里边去坐。"教谕曰："是，是，大人先请。"

宾主两人在内厅榻上坐定后，仆人即送上高粱两瓶，瓜子两碟。巡抚曰："我们今天比酒。白酒两瓶，每瓶三斤，看那一个先饮毕。瓜子两碟，每碟百粒，看那一个吃得多。"教谕曰："是，是，遵命。"于是二人默然而饮，自斟自酌，既不多谈，又不说笑。天将晚时，教谕呼仆人而告之曰："上人正在好睡，你好好地当心他。天晚，我要回去了，不向大人告辞了。"

次晨教谕来辕请罪曰："昨日卑职因大人安睡，不告而别，万望恕罪。"巡抚曰："你老兄的酒量真大，你三斤都饮完了。兄弟太差了，只一斤多些。不过你看我饮酒的态度怎样？昨天的事，我记不起了，统统忘记了。请老兄把经过情形细细地，老老实实地讲一讲，好么？”教谕曰：“大人饮到一斤的时候，已吃瓜子十馀粒。后来约饮半斤，又吃瓜子二十馀粒——卑职荒唐，没有仔细计数。其时大人不知不觉地躺下去睡着了。卑职前后共食瓜子两粒，一粒在一斤之后，一粒在三斤将尽之时……”巡抚曰：“照这样讲，我的态度很不好了。”教谕曰：“不，不，大人躺下去睡的态度是很好的，不过——不过——请大人原谅——大人的吃相（指食瓜仁太多而言）略差一点——卑职该死。”

余亦喜与朋友比酒。四十二岁（一九二六年）之除夕，曾与家兄及夏奇峰君一度较量。三人从晨间十时起至下午四时止，各饮威士忌（whiskey）两瓶。酒毕后，又同乘汽车往里弄中漫游，神智全清，不闹笑话。惟次年秋季陈望道兄之胞弟续弦时，余发起照大杯白兰地，立即醉倒数人，而自己亦不能返家，未免闹笑话矣。

余自己虽能饮，但常劝人不可过量。过量者非独献丑，并且伤身。《茶酒争奇》中之剧本云：“酒不可滥，只可小醉微酣。若醉了便腌臜。破衣帽，口乱呢喃，跌倒西南。惹是非，父母妻儿惊破胆。”欧北亦有民歌云：

Shun not the mead，but drink in measure；
Speak to the point or be still

For rudeness none rightly blame thee

If soon thy bed thou seekest.

上引之歌，可译其大意如下：

毋避酒，莫过饮。谨言语，或声噤。目微醺，即上枕。不失礼，为上品。

世间有极贪酒者，如《忍不住》（小说，清光绪三十一年出版，著者沈友莲）中所述之“近于无赖者”是也，兹录其故事如下：

有嗜饮而近于无赖者。有友招饮，其杯甚小。某把杯而哭，友惊问故。某曰：“曩者先兄善饮，非浮大白不快也。一日赴友人宴，杯亦如此之小。先兄豪饮已惯，不觉将杯吞下，以致卡死。今触目伤感，所以悲耳。”友有惭色，使仆速易巨觥。仆厌之，搀水于酒。某知之，口作吹嘘不已状，友又问其故。某曰：“少时齿落其二，尝至上海配以犀角。犀能分水，所以得水即吹嘘，非某所能自主也。”友怒斥仆使易之。仆尤衔恨，易酒而不满斟。友尚未察。某饮讫，反杯于案而磨之。友更讶问。某曰：“此杯太深，磨使浅耳。”友会意，夺仆壶而自斟之。某遂得畅饮。既罢，友送某出门。至门首，某诧曰：“顷至尊门，见有老树排列。今何无也！”友曰：“君醉矣。

门前向来无树。”某曰：“哦，我知之矣！我来时系一醉汉耳！”

世间固有贪酒无行，如上文所述者，但亦有点滴不能入口者。亡友陆君因食糟蛋半枚而昏卧四小时，内子因强吞黄酒两杯而狂醉大吐——此皆真不能饮之明证也。真能饮者，亦非多多顾忌不可。下述四事，为预防头昏狂醉之秘诀，嗜酒者宜注意之：

（一）饱腹而饮。——枵腹饮酒，最易伤身。饮酒之前，倘先食肉面或馒头之类，则虽醉不昏。

（二）米食助力。——酒后宜进米食，如（粥饭）少些，否则翌晨往往头昏脑胀。但清晨将醒未醒之际饮米汤一碗，略睡后再起身，亦可补救前夕未食粥饭之误（即避免头昏）。

（三）橘子醒酒。——饮酒之时，倘多进绿宝（橘子水）或多食橘子，非独增量，且不易醉。橘性散发，最能醒酒。其他果类，均不及之。

（四）不可胡闹。——饮时最好不多讲话。大声疾呼者，坐立不定者，无不狂醉。喜饮闹酒者，皆不善饮者也。精于猜拳者，亦不善饮者也。

三十一年十一月二日

汉口之行

我到过汉口，但是我没有见过汉口。

这两句话似乎矛盾，然而确实之至。民国二年，我在安徽高等学校当教务主任的时候，我曾经搭船到过汉口，但是我几乎没有上岸，只在舱中望望码头，望望市街，当时的实情如下：

我的至友某君，在招商局的“江什么”轮船上当买办，当康百度。他在“下水”（由汉而申）时，给我一封信，说他的船到申后，决定于某日“上水”（由申而汉），某晚过皖，并且他说他有要事面告，请我在那晚到船上去找他。我想他是我多年的至交，他既有要事，我那里可以不去看他呢？那晚的次日，适值放假，不必预备功课。所以午后四五时，我即出城去观风景，爬高塔，吃点心。等到七时左右，他的船抵埠了。我刚巧走到船边，已经听得他的声音在招呼着我道：“快来！我在此地。”

我在他买办室（舱）中坐了“半天”，只听见他对茶房横发一令，竖发一令，没有和我讲半句正经话。我忍无可忍，问他道：“喂，老兄，船快开了，你叫我来，到底有什么要事？”他匆匆忙地答道，“对不起，请等一等！船的开不开，有什么关系呢？我已经预备好了。”

是时船上的引擎忽作轧、轧的声响，并且……我向船外一望，见船已经离岸了。我说道：“阿呀，船开了！怎样？”他继口道：“是么？真的么？不要怕！ 老弟，不要怕！ 我们一同到汉口去。此地有的是舱位，有的是饮食。你要什么，就是什么。我已经为你预备一切了。好好的请你去，你一定会不答应的。所以我用这个方法，叫做硬绑。”

我们第二天到九江，第三天即抵汉口。在船中两天，真是享福。我们睡得好，吃得好，有时赌睹小牌，有时说说笑话——还能够揩到意想不到的香油。一切由“买办”请客，自己不必破费半文，并且茶役之服侍，可谓周到之至。

到了汉口，我的朋友问我道：“你还是今天就上去呢？还是明天去？”我答道：“何必上岸？就在船内坐坐谈谈罢。我喜欢乘船搭车，但是我不喜欢东跑西走。这是你知道的。”他说道：“不好，不可以。既然到了此地，无论如何，总得上去走走。”我说道：“那末马上就去。”

我跑上码头，已经觉得天气太热了。他跑得很快，我非急步追他不可。我们跑了数百步之后——约一英里的四分之一——我脚软背痛，全身是汗，不声不响地停止进行。他回头一望，问道："怎样？跑不动么？喊车子。"我说道；"不，不，热得可怕。"他说道："热？这样天气算热么？在正式炎夏中，我们跑两三里路，也吹不到一阵风。那真热呀！然而我们依旧上酒馆，进堂子。好，好，你既怕热，我们雇车子回去罢。我们可以在船上喊小菜，叫堂差。"

那天我真的觉得太热了。就是不热，我到了任何地方，总不愿像扮电影地东奔西走。我极愿到新地方去，但我不愿在那处乱跑。某年我约了四五个至友去游西湖，到了那边，他们或坐船，或乘轿，或往南山，或去北山，或访古迹，或谒名祠……忙极，忙极！我呢？我推托身体欠佳，在旅馆静坐，阅书看报，看本地当日报，阅《西湖志》《西湖佳话》诸书。等到他们玩够了，我同他们乘车回申。

赞成旅行，反对乱跑——这是我的主旨。别人以为矛盾，我自己甚为得意。我虽然没有去过北山，但是西湖的故事我知道了。我虽然没有全见汉口，但是它的外相我明白了。在杭州读《西湖志》与在上海读《西湖志》，在汉口流大汗，与在安庆流大汗——两者相较，其差别之大，可想而知。

我生平不能实行我的主旨，也有两次，一次是无锡，一次是日本。

六七年前，我同内子搭火车到无锡。我到新世界旅馆去开房间，他们回说客满，别家也是这样。我无法可想，只好雇车到惠山、鼋头渚等处去游玩。回来时，仍旧没有空房间，只好搭夜车回申。跑了一天，忙了一天，所得的是什么呀？

第二次是去岁日本之行。我们是代表团，到处有人招待，不任个人自由。我正想在旅馆中静坐，请客帖又到了一大批。我只能跟人跑，要我东我就东，要我西我就西。不过我自己确守我的主旨，不肯乱跑。我在东京两星期，也只到过银座街头一次。

三十三年八月二十三日

捧角记

此多年前事也——约在民国八九年。“捧角”就是赞美优伶，就是在戏场上喝采，或在报纸上称扬……余当时所捧之角，系绿牡丹，即黄玉麟。

余之捧绿牡丹也，在认识其父之后一年。父何名，今忘之矣。但尚忆其在沪宁车中告我之言：“……我现在赋闲，但曾经在江西当过差使（服官）。时势不好：读书没有用的。我的儿子，已经改行，学做戏子。不久之前，在大世界（？）出演的那个绿牡丹就是他呀。你知道么？你听过他的戏么？他天性很近唱戏。九岁十岁的时候，他听了留声机器，自己就会哼的，并且哼得很好。现在已经学成了，满师了。你有空闲，请到我家来好啦。”

玉麟之父，面瘦而身长，其发言行步颇有“老爷”气派。当时余颇疑惑而暗自问曰：“官家子弟，何必走入优伶之途？此人或者年老无子，或者有子不肖，目下又因丢官，故作此虚语以醒世乎？”余之猜想，完全错误。一年以后，余戚思君（人名）忽来邀余观戏，地点似为闸北之更新舞台。入场时，见挂头牌者系绿牡丹。坐定后，即问思君曰：“绿牡丹是不是姓黄？”思君曰：“是，是。他是好出身；他的父亲在江西做过官的。我们是来捧他的。”余曰：“得啦，我曾经遇见过他的父亲。是不是瘦瘦的脸，高高的身？”思君曰：“是的，是的，他叫做黄××。”余曰：“好极了，我是父执辈，非独可以捧他，连抱他都可以的。”于是我二人彼此大笑。

余自是日起，连续在更新捧黄六七夜。余不能喝采，静听而已。但同捧者不皆寂默之辈，有狂然拍手者，亦有高声叫好者。左近听客中有一白面书生，其口音似近吴江，带微笑而言曰：“有啥好？他是青衣，声调倒像小生。真丑，真丑！”余闻之大怒，不觉狂喊数声“好，好”以为答复，又以为报复。不料此公又自言自语曰：“听戏就听戏了，何必喊呢？况且吾辈是读书人，本不应该到戏馆里来。我们应该在家中读书或著作。最可笑者，那些以读书著书为职业的，也在戏馆里狂叫。真是岂有此理！”

此人出言时，面不向我，且声音亦不甚高，但其为我而发明矣。余初拟起立责问，或与之口角，或与之打架。后来一想，其言并不错误。余确系以书本为职业者，夜间理应休息，理应早睡。天天吃馆子，天天上戏馆，既废金钱，又伤精力，实属无谓。我不捧玉麟，总有人捧玉麟；我不指导玉麟，总有人指导玉辚。

一提“指导”两字，即想到陆澹盦兄矣。澹盦兄之指导玉麟，可谓无微不至，对于其习字读书，则更用力。余因捧玉麟而识澹盦兄，至今仍为至友之一，亦人生一幸也——澹盦兄：好几个月没有看见你了。你近来身体好么？你的考证著作，进步得怎样？你看见我捧你么？暇时来谈谈，好么？我仍旧在老地方呀——书此以代电话。现在回归本题。

或者问曰：“你们捧男戏子，究竟有什么意思？有什么好处？”余答曰：“意思是有的，就是见他们年轻可造，想要提拔他们。好处是没有的，不过自以为文人雅士，自以为知音罢了。不过我捧黄玉麟，也得过小好处。是什么呢？玉麟的妻‘四小姐’，曾亲自动手制菜，好几次请我晚餐。那不是好处么？我是永久不忘的。”

“四小姐”与黄玉麟分离之后，玉麟往内地卖艺，而“四小姐”则仍留上海。余于友人席上曾遇见多次。一夕，余因饮酒过度，大胆问曰：“老四，你为什么与玉麟分居呀？”彼曰：“他，他好这样，又好那样。唱戏又不肯好好的唱。我讲话他一句都不听。他不像会上进了……”

传闻老四现又与玉麟同居矣，且玉麟之艺亦大大进步矣。余与彼等已多年不见，详情实在不知。

此种旧事，余本不愿提。其中言语倘有触犯当事人者，千乞赐我无罪。余捧玉麟时所赠之绸额，红底黑字，四周绿边，曾悬之各大戏馆，想早已破烂矣。

三十二年四月十一日

小难不死

余一生所遭之难甚多，但皆微细而不足以致命。古谚云：“大难不死终有日。”意谓遭灾遇险，有死之可能而竟不然者，后来无不发迹。余所遭所遇者，无伤命之事，无所谓大难者，故至今一无成就。可知小难不死，终无日也。但余之事件，多少有几分恐怖，亦值得一记。

余所遇最大之险，几乎伤命者，在民国三年甲寅（一九一四年）。斯时余任吴淞中国公学英文教员，正午而往，四时归来，除星期例假外，日日如此，不或间断。一日，火车启动略迟，不能依照规定时刻抵炮台湾站。余恐脱课，在其将停未停之际，先行跳下。不料脚将及地，身已翻筋斗而倒矣。幸两腿不近车轮，未曾压断也。余双手擦伤，四肢麻木，在家吃药静睡一星期，始能再去授课。“行船走马三分险”，诚至理名言也，惜当时不知采用之。余至今右手手心中隐隐有疤斑，即受伤之痕迹也。老友吴致觉兄之弟由苏至昆，车未到站而先一跳，两腿压断，立时死亡。彼之跳车与余相同，所不同者，彼腿向内而吾腿向外耳。后之旅行者，不论搭车趁船，总宜小心谨慎，总宜缓而不宜赶。

跳车受伤，自己之过误也，与司机者无关。但余亦有因“司机”不慎而几乎受伤之事。民国三年时，余家居北四川路横浜桥左近。赴火车站时，倘搭电车非两易不可，故每日乘人力车。某晨天雨，车至北四川路与靶子路十字街口时，前面来一飞跑之“包车”。与余所坐者，相互一碰。拍，拍两响，拖车者二人，一向北，一向南，均掼去约一丈有馀，而余则似隐隐有人扶我出车，手提皮箱，直立于马路之上。余之鞋底全脱，而身体无伤。当时有长须黑袍之老教士适经其地，走近吾身而问曰：“伤么？极险！”余曰：“谢你，我没有伤。”彼曰：“天佑，天佑！”倘此为天佑，则余所得天佑独多。请阅下述之事：

民国二十六年（一九三七年）之夏，某日下午，余自河南路搭车往西摩路，旁余坐者，一漂亮西装少年也。车将抵福建路（石路）时，耳际似乎有热气或烫物经过。继闻座上“刺刺”一声，俯首视之，见一小孔，盖空中流弹从窗口飞入，经过二人身旁，穿入座板也。余与旁余坐者，非独身体无伤，且衣裤亦不擦破。枪弹不认人，今日回想，真可怕也。余乘电车，尚遇一较此更险之事。民国八九年间，家三姊由长沙逃难来申，居哈同路，余往谒后归家时，在静安寺搭车。上车坐定后，心中颇觉摇荡不安。是时头等车中只余一人。余先坐于门口左边，不及一分钟，改坐右边，后又回至左边，又回至右边。其时砰然一声，左边之轮已破底而出矣。设余不改坐，则两脚必受重伤，因数秒钟前吾足尚在其包板之上也。冥冥中似有牵我左而又牵我右者，其天之佑乎？抑祖宗有灵耶？

民国二十六年夏，日升楼左近炮弹之下坠，亦几伤吾命。当时余在福建路办事。十二时许，余与二三同人互问应往何处午餐。有主张冠生园者，有主张大三元者，更有主张先施公司者——意见纷歧，无法合作，遂各走各路，各就其所好者。余往三马路小川菜馆（在证券大楼西，已关闭矣），半小时后，已归原处。诸人正在闲谈说笑时——是时二儿赐民适来问事——忽然空中发轰轰之巨声，探首窗外，见黑气一团，由东南而向西北。继此者除强有力之爆裂声外，砖瓦下坠与玻璃砰砰之声也。石路离浙江路不远，故往先施或大三元午餐，极合理性。设余是日不独往三马路，则死伤之机会甚多。再二儿问事既毕，在旁听讲不肯离去，余心厌之。本拟令其从速返家，欲出之口而又停止者，幸也，否则彼伤命矣。

余乘船亦大不利。二十九岁（民国二年）正月，余往安庆就教职时，几乎坠于江中。余素不知长江船因条约关系，有靠岸与不靠岸之分。靠岸者，招商局之船也。

不靠岸者，太古怡和之船也。余贪便宜（价廉），搭怡和而往，但于抵安庆时，大船停在江心，由小船拨客上岸。是夜天冷且雪，从大船至小船？非走过丈馀之“跳板”不可。余呆立船沿，不敢踏上跳板。但后面有叫“走，走”者，又有用手推者。余不得已向前行走，强然上板——脚一软，身一侧，几乎落入江中。幸有大力之“茶房”将我抓住，且带扶带抱，送入小船中。余以五元为酬，可谓微矣。

再有一事，不是搭车趁船，而是遇鬼。先祖母卒于禾中，神回后，湖属亲族均先后归家。余为承重孙，礼宜守七，且扶柩回籍。某日先姑母（适嘉兴钱氏）因事归莲花桥本宅。夜间余一人卧于茶厅之左室中，是时年幼——十六岁——上床即入睡乡。一聪未醒，因床铺大震而觉。余不知鬼作怪也，毫不惊惧。起身小解饮茶后，周身寒冷异常，即加盖被服重睡。此时灯光半明半暗，余恐其立时熄灭。又起身拨之使亮，不料目甫闭而床又大震。余尚以为群鼠游行觅食也，口作“嘶嘶”以逐之。余嘶嘶之声愈力，床之震动愈甚。震动不停，约十分钟，余大惊而喊。首先接应者张（？）媪也。后来宅中仆婢全体起身，不及天明已将“姑太太”请回矣。其仆禀先姑母曰：“这间屋里，听说有吊死鬼三个。”姑母曰：“你既知道，何不早说？倒要珍官（余之乳名）受惊。这是为老太太丧事临时租来的屋子，我那里知道是有鬼的。你们放马后炮，可恶之至。你们快把他的铺盖被褥及一切东西，搬到我房间里来。我回家去，叫他睡在我床上。我另外派男仆来陪他——另外加打小铺……”

三十一年九月十五日

逃难记

本篇追述我个人在民国二十一年（即公历一九三二年）一月二十八日前后所亲身经历的实事——不是正史，而是回忆。其中多痴愚的言行，阅众见了，似非大笑不可。

当时我在闸北任事——商务印书馆编译所英文部。我的家离办事处不过千步之遥，所以每日来往甚觉方便。到了十日以后，马路上东也设铅丝网，西也设铅丝网，走路是一天一天的不方便起来了。再过几天，谣言愈多，情形愈紧；大家知道两国间一定要冲突，或大或小，不能预料。但是大家都不搬场，都不逃难，都似乎“安居乐业”。世上那里有不怕死伤的人？我们为什么这样镇静呢？

据我所知，有两个原因：（一）警局禁止移动，（二）居民大唱高调。警局的禁止移动，并无告示。不过有人携了铺盖箱子经过宝山路的时候，警士一定上来盘问，并且劝你回家，劝你不出宝山路。居民的高调，不外八个大字："国既可亡，家岂能存？"所以一·二四（或者一·二五）那天早晨，商务用大号汽车送货至四马路时，旁人误以为搬家，在后面大喊大叫，经警士查问明白之后，始能安然开出宝山路。五区警察署长王君，是我的同乡，与我很亲热。倘然我要搬场，我可以和他商量，他也一定愿意帮忙。但是我当时是一个很要面子的人，不肯"求神拜佛"。并且我以为闸北居民的高调，也有一部分真理：国家到了这个地步，身家的牺牲，还不应该么？所以亲友来劝告的时候，我总对他们笑笑——决意不入租界，不搬场，不逃难。

亲友中最热心者，劝告我最力者，有（一）李彦士亲家（已故），与（二）夏奇峰先生。李君于一·二六下午来谒。他一见我面就开口道："我所听得的信息，没有一个好的。情形很紧张。怎样，怎样！你的家庭太大了。搬什么？搬到什么地方去？亲家太太呢？令兄呢？他们的意见怎样？……你的藏书，我家中没有容纳之地……我可以代你拿些紧要文件出去。你看怎样？"我答道："大家不搬，我也不搬——听天由命罢。"

夏君来谒的那一天，似乎是一·二七早晨。他问我道："你不怕么？你还不搬家？一二天内，恐怕战争就要开始了。不搬？不怕？"我答道："我不怕枪炮之声。苏州兵变，安庆兵变——枪炮声我听惯了。后来齐卢之战，工人纠纷，也有枪炮声。我都平平安安地经过。当此国难开始的时候，我们应该牺牲。何必怕惧呢？有什么怕惧？我不愿意移家租界，求英美人保护。”他继续称我“先生”而说道：“我以为你还是搬入租界为是。从前的事，都是本国人与本国人的事——言语相通，性情相同，容易解决。现在不同了，现在两国相争，是正式战争，不是儿戏。你要小心，你要考虑！无论如何，你们的老太太，你们的小孩子，要趁早出去。他们是受不起惊吓的。我要走了，大先生那边，请你代为致意。我要走了。我看了宝山路的情形，已经胆寒了。”

次日（一·二八）早晨，我依旧到商务去办事，缺席的同人很少很少。十时后家兄笑嘻嘻地到我办事室中来说道：“不要紧了，不要紧了！大家可以安心了！我刚巧到五区去打听消息，署长说他负完全责任，保护我们。他说我们是后方，我们的前面有五道防线，有充分的预备，不论何人，决定打不进来。他又说租界虽然不在火线内，倒有流弹之险。我们固然在火线内，但……”

家兄没有说完，我就插嘴问道：“我们在火线内？”

他答道：“当然！怎样？”

我道：“在火线内，在火线内！那末我们所居之地，是对方炮火集中之处了。我们非搬家不可，非逃走不可。”

他微笑而说道：“搬到那里去？”他又对我笑了一笑，

离开了我的屋子。

我们兄弟两人，实行“兄友弟恭”主义，平时讲话，无不温温和和，客客气气，那天我对答他的话，未免太响太急。他知道我神经有些错乱，所以速速离去。我自己也知道失言，并且暴露弱点——胆小。然而在胞兄前献丑，有什么关系呢?

到了下午一二时，闸北宝山路的情形大不同了，愈加乱了。携箱子、带铺盖的男女络绎于途。商务缺席的同人，至少在五分之二以上。那时家兄正在旅沪中小学料理教务，还没有回到闸北来。他一进馆——三时左右——五区警署长就来一个电话，说道：“今天晚上，恐怕要动手。你家的老小，赶快出去。”家兄和我马上回家，用包车两辆送老母亲及三个女孩子到三马路老东方——房间托租界友人陈少荪兄代定。我的长次两儿及长媳，因为叫不到车子，跟了他们跑出闸北。

老的小的既经送入租界，我的心境似觉宽些。我从后面到前面家兄的屋子里——我们在同里中居住，我居第四幢屋，他居第一幢。他正在房中写小楷，见了我就问道：“他们已经到了旅馆么？”我道：“电话刚巧来过！他们已经平平安安地在旅馆了。”我坐了“半天”，又迟迟疑疑地问道：“我们——我们怎样？现在辰光还早，我们跑不跑？你有意思出去么？嫂嫂和两位侄儿要跑么？”他答道：“我决意不跑。他们不知道要跑不跑。

你要跑，也可以跑。我一个人在此地看家好了。”我道：“倘然你不跑，我也不跑，我陪你。”

数分钟后，我回到自己第四幢屋子里。我向内子道：“老太太和儿女都出去了，你觉得冷静么？你也要出去么？现在辰光还早呀！”她答道：“我全无主见。你怎样？”我道：“我不出去，在此陪大哥。”她道：“很好！我陪你。”我道：“那末等一等他们打起大炮来，你不要怕——你不要哭。我想他们今夜一定要动手的。倘然真的危险，我们明早再逃好了。”

晚餐之后，家兄笑嘻嘻地到我屋子来说道：“是不是？果然不出我之所料，一点事情也没有。我刚巧得到消息，说中日交涉已经圆满解决，两方已经正式签字。市政府马上就要出告示，劝人民安居乐业。天下本无事，庸人自扰之。他们何必逃呢？何必到外面去吃苦呢？”

他虽然这样说，我总觉得可疑。白天情形这样紧，何以到了夜间反而这样松呢？我们坐坐谈谈，饮茶吸烟，听无线电。到了十时左右，家兄、家嫂及两侄回到前面去了。临走的时候，我哈哈大笑，对家嫂说道：“倘然半夜里你们听见什么可怕的响声，你们还是静静地到我这里来。你们外面靠马路，危险较多。”

我的第四女与她的奶娘，已经到了楼上去睡了。家里的男女仆人，一个都没散去，站在旁边听新闻。我吩咐他们去睡，同时说道：“倘然半夜里听见什么声音，你们马上起身，齐集在这间屋子中。你们断然不可叫喊，少开电灯。”大家都面带笑容地跑了。

我与内子，清醒之至，全无睡意。我说道：“不知今夜到底怎样？”她说道：“我们到高的地方，晒台上去望望，好不好？”我说：“很好！我陪你去。”

到了晒台上——其时约下午十时三刻——情形真的紧张了。探海灯东一闪，西一闪地亮得很！在静寂无声中，我们听到插，插，插的脚声。我拿起望远镜来向阎家阁路仔细一看，知道是进兵。人人都有枪，脚上穿的，不全是皮鞋。我对内子道：“我们不要多看了，还是回房去罢。”

回到房中不上五分钟，内子听得远远有拍，拍之声。她说道：“那些人真不识相。时势这样恶劣，他们还要拜利市。”——其时正近农历年底。语犹未毕，拍，拍，拍(步枪声)，鸪，鸪，鸪(机枪声)，拍，拍，拍，拍，鸪，鸪，鸪，鸪，鸪，鸪，就此相继不绝。我们立刻关了房中的电灯，到下面中间的客厅。其时家兄、家嫂、两侄已经从前面来了。她们的仆人及我们的仆人，也都集合在那间厅上。大家面面相觑，闷声不响。我忍无可忍，轻轻地说道：“大家不要怕！枪炮打不到此地来的，你们放心好了，等到明天天亮，我们再想法子出去。”那个时候，还有无线电，不过闸北的电话，已经打不通了。

半夜三时左右，飞机来了。东一个炸弹，西一个炸弹，房屋摇动，有一个姓朱的男仆，全身大抖，我问他道："你为什么？你为什么这样？"他道："我冷啊！"我道："那末，你到火炉旁边去坐罢，不过你不要怕。我们大家在此，要死大家一同死。"

我正在带笑带讲同那个姓朱的仆人讲话时，外面看守大门的阿六恭恭敬敬地走近我身，说道："老爷，我吃不住了，我要告辞了。"我问道："你为什么在这个很紧急的时候告辞？你到那里去？"他答道："我自己也不知道到那里去，不过我一定要离开此地。火球一个一个地从天而降，还不跑么？"我道："你有钱么？"他道："老爷，这个你不必管。就是我没有钱，我也能够沿途讨饭（乞食），讨回家去。"我道："好，好，那末你去好了。"他立刻取了铺盖就跑。我喊他回来，给他几张钞票，几块银洋，说道："工钱我前几天已经付清楚了。这几块钱是给你作零用的。"他道："老爷，你真客气，你真周到，我谢谢你，我告辞了，再会。"

那个看守大门的阿六，是我家仆人中的最能干，最胆大者。不论顽童"毕三"，总怕惧他。在我家新屋中服务一年有馀，他知道怎样防阻小窃，他知道怎样招待来人，真能尽职！不料枪声一响，他就变成这样一个没用的人！

另外一个男仆，名字叫做筱虎，他的行为刚巧与阿六相反。在平常之时，他胆子不大。闹了一件数角钱的小怪事，他三天三夜地避开我，不敢来见我。倘然我责他几句，他非独不敢回嘴，并且马上会哭。等到战争发生，他的胆子马上大了。他不怕枪声炮声，不怕飞机炸弹。他全夜在马路上东奔西走，打听消息，并且随时回来报告。第二天（一·二九）早晨，我们逃入租界之后，他为我们看守房屋，为我们搬运物件……进进出出，若无其事。我家祖宗的遗墨，我收藏古书的一部分，都是他设法为我“抢”出来的。

一·二九那天早晨，我们逃出闸北，逃入租界的情形如下：

晨间约九时，枪声似乎不如夜间的密，不过天空中的飞机似乎更多。商务总厂，已经中弹起火。我们在后园中观望，只见竹篱笆外，背了被服向西逃难的人。我们也有点心不定了。你看看我，问道：“怎样？”我看看你，也问道：“怎样？”筱虎又回来了；我们问道：“怎样？”他道：“还是走罢——出后门走，阎家阁有黄包车。向西一条大路——中山路。到了梵王渡，过一小桥，就是租界。你们去罢，我不去，我同老娘姨在此地看守。等到不得已的时候，我们再出来。你们有便人，叫他们带信给我。我们有便人，也托他们带信。你们放心好了，我们不会做亏心事的。”

我们没有办法，只好听他的话，出后门而跑。我们这样出门的共计八人：家兄，家嫂，两侄，我自己，我的内人，及四女和她的奶娘。在阎家阁，只有五辆黄包车，每辆索价五元。我们统统雇了，但是还不够，所以我们随车奔跑，轮流而坐。一到梵王渡，黄包车停了，我们自己走过桥，雇了两辆出差汽车，到老东方去。我们在中山路的时候，看见天空中满是飞机。商务总厂大冒黑烟，我料到它在数天之内一定会烧尽的。

到了老东方，老母亲很欢喜。她说道："你们都来了，很好。事情怎样？大概四五天后，我们总可以回家罢。此处很不适意——房间太小，没有大的。"先母那年已经七十馀岁了。耳力不强，没有听得枪声，没有听得飞机炸弹声。别人也没有把战事消息告诉她，所以她倒全无忧惧之心。我的女儿和大媳，正在房中流泪，因为他们知道战事已经发生，我们不能脱离闸北的缘故。我的长次两儿，全夜在外面打听消息，早晨又出去设法——设法接我们出来。然而那里办得到呢？下午一时许回旅馆的时候，满面愁容，一见我们，便半哭半笑地大叫"啊，啊"，连一句话都说不出来。

老东方实在太扰杂了！房间固然很小，饭菜也不甚佳。我们住了六七天，知道住旅馆，不是长久之计。我们兄弟二人遂决意送老母亲到二侄女家去暂住。家兄，家嫂及两侄寄居于旅沪的闲空宿舍中。我和内人，两儿，大媳及四女，往李亲家家中（西摩路）借住。如此一天一天的下去——白日看报，夜间听炮——如此过了三十多天，十九路军死的死了，退的退了，闸北已经完全失去了。我的自建房屋，大概在二月八日与十六间被焚——或为炮火，或为放火，原因至今不明。

自己的房屋及其中一切，都被毁了。那末当然非重做人家不可。李亲家虽甚客气，然而我总不能完全靠他。衣服被头，总要自己做的；床铺台桌，总要自己买的。我暗暗与内子商酌，决意找一所可以暂居的房屋。不久，我们即达到目的——在劳尔东路找到一所单幢三层楼。

从西摩路李府搬至劳尔东路新宅，我们觉得一件很痛苦的事：我们所缺的东西太多了，我们所需的东西太少了。我们在闸北的器具衣服，固然烧尽。我们已经补购的器具衣服，倒也不少。但是搬移时总觉得要一样，没有一样。我们想要装藏，没有箱匣，我们想要包裹，没有纸张。后来买些报纸，买些麻绳，买些板箱，勉勉强强地，带拖带掮地移至新处——自己的家庭。

在西摩路避难的时候，我遇到一件最可气人的事。同事钱某，忽然来拜望我。我请他到客厅中去坐。他坐了又立，立了又坐，东张西望，全不安身。最后他静静地对我说道："周先生，恭喜，恭喜！"我问道："喜从何来？"他道："这不是么？我都看见了。这里的东西，统统是闸北搬出来的。差的想必不多了罢。你的运道真好。那一个同你去搬的？你那一天去搬的？你自己去不去？这许多东西——器具古玩，都好搬移。"

他的自说自话，我最初完全不懂，后来始知他所见的，他所指的，都是李府的财产。我对他说道："钱先生，你误会了。你在此地所见的，全是李府的财产。我闸北的器物，一件都没有拿出来。"他笑笑道："好了，好了！明人不说亮话……让我来讲我们的损失罢。我们的损失真不小呀！前几天，我们趁了停战四小时的机会，到闸北去搬取物件。东也走不通，西也走不通——后来居然达到目的地。开进门去一看，真是痛心。所有年底下买的南货，买的鱼肉素菜，一概不翼而飞——有些是自己坏的。床铺不能搬，台桌不能搬。我只好把几本破书掮了出来。我的衣服被头，一·二八那天早晨已经拿出来了。我拿了破书出门的时候，刚巧遇见张某某。他雇了车子，去搬床铺台桌。我们见了，抱头大哭。"

我插嘴问道："张君的损失怎样？"他答道："也有，也有。他日常用的那一枝钢笔（自来水笔）不见了，墨水倒翻了，两枝顶上等的铅笔也遗失了。这是有形的损失。他还有无形的损失。他住的那所房子，去年八月才顶进来，连电灯装修在内，一共付去四百五十元。将来恐怕不能回到闸北去，似非另找新屋不可——还不是一笔大损失么？"

另外我还遇到一件气人之事：

炮火刚巧停止的那一天，某某借菜馆结婚。我去贺喜，碰见一位同乡，也是亲戚。我快步地跑去招呼他，他快快慢慢地向后倒退——眼睛望我，双手高举。我叫他，他不应。我愈进，他愈退。我自己想道："他为什么这样？我错认了人么？他不是某君么？"

他已经退无可退了，退到死角落里了。他口中"噢，噢，噢"地叫，又哀求道："越然兄，我们，我们是朋友，是至亲。我们没有仇恨，我们是好好的。请你不，不，不……。"

写时迟，那时快——我早已停足了。我微笑并温然向他道："某兄，你见了我，为什么做出这种样式来呀？什么道理呀？"他看见我开口，听见了我的语声，立刻向前来，双手握住我右手，说道："噢，原来你不，你没有，你好好的。"我问他道："我不什么呀？我没有什么？"他答道："对不起，对不起……一言难尽。我听信谣言，再谈罢，再谈罢。"

次日清晨，他特意去拜访家兄，说明昨天倒退的原因。他说道："湖州城里沸沸传场，说令弟因为闸北的损失，神经已经反常（发痴）。他们讲得活龙活现，所以我深信无疑。我两天前刚从湖州回来。昨天见了他，我怕得很。我怕他来和我吵闹，所以倒退，避他。其实他是好好的，与从前一样，我听信谣言，闹出那个笑话来，真是丢丑。请你代我求求他，叫他原谅我。"家兄道："保我身上，他一定原谅你。不过舍弟讲话，素来太爽直，有些半痴半癫式，你也要原谅他。"

写了三四千字，我个人一·二八的故事，已经讲完了。我虽然受到损失，但也得到教训：留得青山在，不怕无柴烧。换句话说，实物的损失，不必注重；身体的康健，倒很紧要。

三十三年九月十三日

作家的烦闷

我不多作文，并且所作的又不佳——我实在不能“作”又不成“家”。我写这个题目，似乎有点不相称。不过我也得到“烦闷”，我也受过苦楚。下面所述，都是我自己的故事，诸君可以当做小说看。

我先讲我三十六七岁时的烦闷：

我今年已经六十岁了。二十四五年前，我正在设计并编辑那部《英语模范读本》。有一天晚上，我睡得很迟——大约在半夜一点钟之后。我在一点钟之后，虽然上床睡了，然而终不成寐。我虽然把眼睛闭着，然而心思终不肯停止。我想到今天所编课中的毛病，我预定明天应当写些什么，采些什么材料。同时我咳了又咳，咳，咳，咳……咳，咳，咳……唏……

我的内子在隔床问道：“你还没有睡着罢——你这样咳！”她又继续说道：“你今天不要再想心思了。好好儿睡罢——噢，你这样咳，我听了也难过。你要喝热水么？我劝你还是听医生的话。他恐怕你生肺病，他要你少作事，多睡觉……好了，不再讲了。你睡罢！”

那个时代的不睡之夜，何止这一次呢？继此者甚多，前此者亦多。不过有时喉咙争气，不咳。我偷偷地张开双目。回想过去已成之句法，预计将来未成之课文。内子不知道，不拿言语来烦我罢了。后来——后来《模范读本》果然出版了，居然畅销南北东西各省，“风行一时”；所得版税，居然打破商馆自“古”以来的纪录。他人听得了这个消息，他人知道了《模范读本》的畅销，一再仿摹，弄得市上的英语教科书都有点模范气，并且都含些模范语。诸君倘然不相信，请打开旧教科书来细细比较。

《模范读本》出版了，并且生子生孙了。它的编者怎样呢？

它的编者——它的编者“骨瘦如柴”，白天大咳，夜间也咳，睡在床上请医生。然而那个肺病将成的编者，形如田中吓鸟的草人，至今还没有死亡。四十三岁之后，反而一天一天地健壮起来。到了今年六十岁，尚然保持“搏鸡之力”。这是什么道理呀？

此理甚简。就是：少作文多读书——作文是苦工，读书是享受。《模范读本》编成之后，我马上停止写作。

我编辑《模范读本》的时候，每月所入（包括月薪教俸）尚丰，家中人口又少，所以衣食住行均不成问题。

但在此之前，另有一个时候，衣食住行都成问题。那年我是三十岁。让我把这个故事讲出来。

三十岁那一年春夏之交，我真烦闷。中公欠薪，累索不得。先母忽从吴兴到上海来游玩。她年纪已经老了，做儿子的不得不尽点义务，请她看戏逛花园。然而我没有钱，我向老同事冯君借了一百五十元，买些米，买些柴，付房金，付车资，几几乎完了。我忽然想得一法：我自言自语道："让我来编一本书罢。"我竭星期日一天半夜之力，竟编成了一本《英语启蒙读本》。我正拟把稿子去出卖之际，忽又自言自语道："这种单纯的稿子，恐怕他们不要罢。怎样呢？……让我去请一位名人做一篇序罢。那一个呢？……有了，有了，青年会费吴生（美国人）。"

费吴生君见了我的稿子（手写的），粗粗翻了一翻，就用英语说道："你要我做序？我的文章并不好。你何不请一位有名的中国人做序呢？你那个朋友，你的老师杨君——杨什么？杨什么？——在交涉使那边办事的。他的英文好得很。你何不请他做一篇序文呢？"

我答道："我的老师没有在交涉公署办事的，在交署办事的那一位杨君某某是我的得意门生。"

他脸孔一红，说道："是么？是么？……周君，你请把稿子放在此地，我明天空的时候为你做序。"

三天之后，我去拜望费吴生——不见。一星期后，又去拜望他——见了。他忙得很，正在打字——写信，随口问道："周君有什么事？"我答道："对不起。我来取你的序文。"他道："啊呀！对不起，我忘记了。请你过一天来取罢。"我道："谢谢你，我下星期来取。"

下星期的某日下午，我从横浜桥趁电车到四川路桥。我在青年会门前转了几个转身，不敢走进去见费君，向他索序文，恐怕他忙，恐怕他不在，恐怕他没有写好；见了面非独取不到序文，并且反而彼此难以为情。我马上向北走，在四川路桥搭电车回横浜桥。那时我真烦闷；一方面我急于要钱来请请我的老母亲，一方面我没有胆量去取回我的稿子。

再过五天，我实实在在熬不住了。我放大了胆走进青年会，走进费君的写字房。他又在桌旁打字——写信。他一见我，就说道："周君请坐。那篇序文，我还没工夫做。不过请你坐一坐。我马上做……周君，你要我写什么，我就写什么。你自己说好了。周君，我讲老实话——你不要见怪。你的稿子，自从那天包好之后，我还没有打开来看过……呀！那里去了？……好了，在此地。"

拍拍，拍，拍——拍，拍，拍拍，那篇序文打（写）成了。再过一星期，稿子也售去了——大概是五十银元。我的老母亲还没有回湖。我拿了那五十元，还可以请她坐马车，游张园，吃大菜，看戏文。那时物价极低，所以我可以这样阔。现在的五十元，只可以买半刀锡箔烧给她。

我等候那篇序文，虽然等得很苦，等得很烦闷，然而并没有遇到不睡之夜。我遇到不睡之夜，总在编辑《模范读本》时代。自从四十三岁起，直至上一个月——除了先母病逝时特意陪夜不睡外，我每夜安睡，每夜睡足八小时。上一个月（三十二年十二月初），我又遇到不睡之夜，其原因如下：

舍亲钱公，在下午九十点的时候，来了一个电话，要我为他的月刊，作一篇新年论文，至迟次日晚上交卷。我立时立刻答应了。我次日因为另有“要公”，回到房中就立时立刻以“复新之庆”为题，写了一千多字。终了的时候，约在十二点左右。马上上床，已经迟了，直到天明，竟不入寐。我静静地不声不响，而内子又在隔床嘿嘿嘿地微笑，且自言自语道：“我早知你今夜一定睡不着的。从前编书，编得那个样式，编得夜夜不睡，骨瘦如柴。现在写稿子，所为何事？为的是稿费么？二百元一千字——买米还不到一斗，够买药吃么？现在老了，比不得从前。身体第一要紧，要做‘八股’，还是在白天。”

我睡不着，本已烦闷；她的“训词”，更加使我烦闷。后来听到“八股”两字，我不觉狂笑道：“哈哈，你也知道八股么？我今天并没有做八股。我做的是九股，多做了一股，所以睡不着了。”语毕，我又狂笑，不久——据说——我大打我的鼾了，睡着了。

三十三年四月一日